Jesus om att fånga tjuren.

Lars Gimstedt

Jesus om att fånga tjuren. Lars Gimstedt

© **PsykosyntesForum, 2015**

Ingen del av denna bok får återges i någon form, utom för citering av korta avsnitt i kritik eller recensioner, utan tydligt medgivande från utgivaren: mail@psykosyntesforum.se.

Utgåva 1, revisionsdatum: 4 mars 2015.

ISBN
978-91-88137-01-2   (EPUB-version)
978-91-88137-02-9   (LIT -version)
978-91-88137-03-6   (MOBI-version)
978-91-88137-04-3   (PDF -version)
978-91-88137-00-5   (Paperback)

Pappersboken och Kindle-versionen (MOBI) är tillgängliga på Amazon.com, Amazons andra internet-siter och på många andra internet-bokhandlare med avtal med Amazon. De andra versionerna, inklusive de engelska, finns att köpa på
http://psykosyntesforum.se/Svensk/Jesus_om_att_fanga_Tjuren.htm

Typsnitt Bookman Old 12. Sidstorlek 6x9" (15,24 x 22,86 cm). Marginaler: hor 2,0 / vert 2,0.

Om författaren:

Lars Gimstedt arbetar som psykosyntes-terapeut i Linköping. Hans grundutbildning var kvantfysik, och han har arbetat som ingenjör och chef inom industrin under 30 år.

I mitten av sitt liv började han att studera psykosyntes, kognitiv beteendeterapi och NLP, och arbetade deltid som psykoterapeut under tio år, tills han började arbeta heltid i sitt företag PsykosyntesForum.se 2003 med livs- och ledarskapscoaching, psykoterapi och med e-kurser och e-böcker över internet.

Tidigare böcker av Lars Gimstedt:

Stairway: 10 steg till himlen. (Mars 2014)
Jag, Yeshua. Väckaren. (Maj 2014)
En Kurs *Till* Mirakler (Editerad av Lars G, Nov 2014)

Innehållsförteckning

Prolog. 5
1. Söker efter tjuren. 15
2. Finner spåren. 23
3. Finner tjuren. 30
4. Fångar tjuren. 37
5. Tämjer tjuren. 46
6. Återvänder hem på tjurens rygg. 56
7. Tjuren glömd - mannen är kvar. 64
8. Både tjur och man är glömda. 70
9. Återvänd till Källan, tillbaks till Ursprunget. 76
10. Kommer till marknadsplatsen
    med händer som ger frid. 83
Epilog. 93

Jesus om att fånga tjuren. Lars Gimstedt

Prolog

Jag var en icke-reflekterande ateist upp till fyrtio års ålder. Provocerad av min dåvarande partner, som då var intensivt inne i New Age-rörelsen, beslöt jag mig för att läsa "En kurs i mirakler" (EKIM), med målsättningen att bevisa att hon hade fel.

Det här förde mig in på en väg av andligt uppvaknande, som till slut fick mig att byta yrke från att vara fysiker och utvecklingsingenjör i flygindustrin till att bli psykoterapeut.

(För en längre beskrivning av det här, läs min delvis självbiografiska bok "Stairway, 10 steg till himlen": http://psykosyntesforum.se/Svensk/Stairway.htm).

Det här är nu trettio år sedan, och förutom EKIM har jag sedan dess läst hundratals böcker om psykologiskt och andligt växande, och jag har genomgått utbildning i och arbetat yrkesmässigt med en andligt orienterad psykoterapiform (psykosyntes). Jag har producerat ett stort antal kurser och böcker om personligt och andligt växande och om att vakna till sitt sanna jag, eller sitt Själv, som psykosyntesen kallar vårt Högre Jag. (Se PsykosyntesForum.se.)

Allt det här har förstås påverkat mig själv på ett positivt sätt, och jag tror att mina livserfarenheter, i kombination med den kunskap jag förvärvat, har hjälpt mig att förändras från att vara en ganska egocentrisk fyrkantig ingenjör till vad jag hoppas att jag kan påstå, en mognare och mer ödmjuk person.

Budskapet som känts viktigast för mig, först i EKIM och sedan i många andra böcker, var hur vårt ego gör oss "medvetslösa", omedvetna om vår sanna identitet - gudomliga varelser ett med Gud. Jag har just läst färdigt en mycket levande beskrivning om hur egot gör det här med medveten avsikt, med målet att stärka sig själv, i Eckard Tolles böcker "Lev livet fullt ut" och "En ny jord".

Att läsa de här böckerna fick mig att minnas alla de liknande beskrivningar av egot som jag läst genom åren, och jag drabbades av en nedslående insikt: jag har misslyckats att lära mig det jag under trettio års tid försökt lära mina klienter:

> *"Insikter kan kännas bra att få, och kan motivera en till att förändras, men insikter i sig själva skapar inte inre förändring."*

Jag insåg att trots alla mina hopsamlade psykologiska kunskaper och erfarenheter, trots alla mina insikter om hur egot fungerar, trots alla de metoder för medveten närvaro och för meditation som jag använt själv och som jag undervisat andra i, är jag fortfarande helt snärjd och fasthållen av min "rationella tankeprocess", som är ett av *mitt* egos starkaste verktyg.

Till och med att skriva texten här ovanför är ett resultat av den här inre undermedvetna och automatiska processen, en process där jag är hjälplöst fast i alla de tankemodeller jag omhuldar, fast i mina minnen och i all min hopsamlade kunskap, fast i mina föreställningar om framtiden (där jag lyckats få *dig* att tro på min "insikter"...)

Kommen så här långt i förordet, känner jag mig just nu oerhört frustrerad. Att skriva på det sätt jag har gjort fram tills nu hindrar mig från att vara helt närvarande i Nuet, vilket enligt många vad det verkar upplysta personer är den enda "portalen" till den Sanna Verkligheten.

Jesus om att fånga tjuren. Lars Gimstedt

Att vara så djupt präglad, så styrd av ego-impulser i form av "vetenskapligt tänkande", att hela tiden utvärdera allt mot beprövad erfarenhet, mot kunskap och minnen, att hela tiden undermedvetet planera vad jag ska säga ... allt det här tvingar in mitt sinne antingen in i dåtid eller in i framtiden. Jag kan aldrig vara helt närvarande.

Det här får mig att känna mig riktigt hopplös. Med det menar jag både hopplös som person, och att jag känner hopplöshet.

Så då, vad är det för mening med att fortsätta att skriva?

...

Det känns fullständigt meningslöst.

...

Jag ger upp.

... ...

Jesus om att fånga tjuren. Lars Gimstedt

… … …

Jesus om att fånga tjuren.   Lars Gimstedt

... ...

När jag ger upp, kommer tanken:

Tänk inte. Låt din intuition leda dig.

Va? OK. Men, hur gör jag det?

Det är inget du gör. Förbli i nuet, och låt det ske.

OK... Och var kommer den här rösten ifrån? Mitt undermedvetna? Hur kan jag veta att jag inte bara hittar på det här, fast undermedvetet?

Det kan du inte veta. Allt jag ber dig är att vara villig att lita på att du inte hittar på det. Ditt sinne skapar orden, men tankarna kommer från mig.

Jag skulle gärna vilja tro på det, men andra delar av mitt medvetande har tusen invändningar. Till exempel - vem är du, om du inte är en undermedveten del av mitt sinne?

Jag är en undermedveten del av ditt sinne. Vad du inte inser, är att ditt sinne är så mycket mer än du vet. Jag kommer genom en del av ditt sinne som du aldrig har använt eller ens upplevt, utom i korta glimtar. En del som hör till ditt sanna Jag, ditt Själv.

Jag kan vara villig att vara öppen för det. Så du är både en del av mitt sanna jag, och du kommer genom mitt sanna jag. Det känns som en paradox, fast den låter ändå meningsfull...

Bra. Att du accepterar paradoxen visar att du börjar släppa taget.

Jag inser att jag borde släppa taget från mitt behov av att veta vem du är. Får jag åtminstone använda ett namn för dig? Det känns faktiskt som om jag har ett riktigt samtal med en verklig person.

Jesus om att fånga tjuren.   Lars Gimstedt

Självklart. Att vara öppen och närvarande utesluter inte att ha behov. Du kan kalla mig Den Helige Ande, eller Jesus, om du föredrar det mer personliga namnet jag bar när jag levde på jorden.

Oj. Aj. När du berättar det här känner jag hur mitt ego riktigt sväller och blåser upp sig... Du valde just nu att tala med <u>mig</u>!

Jag har inte valt ut just dig. Alla är utvalda; jag talar med alla, hela tiden. Men, <u>du</u> valde just att lyssna, och du valde att vara villig att förbli närvarande med det.

Nu krympte mitt ego ihop igen... vilket känns som en lättnad. Men jag är vettskrämd att det ska ta över mig, när som helst.

Så länge som du stannar i det närvarande ögonblicket, och förblir medveten om ditt ego, kommer du vara OK. Jag kommer att hjälpa dig att fortsätta vara uppmärksam, genom att påminna dig när din uppmärksamhet sviktar. Det kommer den att göra, men att slumra till behöver inte vara samma sak som att somna in, så länge du låter mig vara med dig.

Men vad händer när jag "slumrar till" som du kallar det? Jag tolkar det som att det är när jag börjar anlysera och utvärdera. När jag börjar med det, brukar jag fortsätta för evigt...

Nu överdriver du. Men även om "för evigt" är en lång stund, gör det inget - det innebär bara lite slöseri med din tid. Jag är utanför tiden, så det påverkar inte mig. I det ögonblick du blir medveten om att du halkat ur att vara närvarande med Vad Är, kan du återuppta vårt samtal igen, och vi kommer bara att fortsätta där du slutade.

Jesus om att fånga tjuren.   Lars Gimstedt

Nu när du sa det där, insåg jag att vi har gjort många avbrott redan, det senaste höll på i tre dagar. Trots det, känns det fortfarande som att jag talar med dig utan några avbrott alls. Det känns konstigt...

Det visar att den del av ditt sinne du använder just nu befinner sig också utanför tiden.

Jag behöver få smälta det här... Så det här är vad som händer just nu: jag håller på att skriva ned ett samtal med dig, Jesus, och jag gör det i ett manuskript för min nästa bok. Ett tag sedan, fick jag en impuls att skriva den, och anledningen jag tror till att jag ville göra det, var att jag ville skriva om andligt uppvaknande. Eller något åt det hållet... Jag vet inte ens vilken titel den ska ha, och jag har ingen aning om vad den ska innehålla heller...

Låt det bara komma till dig. Kanske om du skulle lyssna mer på vad du själv säger åt andra, som det småroliga anslaget du la upp på Facebook ett tag sedan:

> *God morgon.*
>
> *Det här är Gud.*
>
> *Idag, lyssna inåt, så kommer jag att ge dig lösningen på varje problem du möter.*
>
> *Du behöver inte tänka ut något själv, så koppla av och ha en bra dag!*

Jesus om att fånga tjuren.

OK, OK. Lätt för dig att säga, du som inte behöver vänta på något... Men OK då. Jag lyssnar. Vad föreslår du?

Bra! Be och ni ska bli givna, bulta och porten ska öppnas. Jag har försökt att övertyga folk under två årtusenden om att det här är <u>bokstavligen</u> sant, inte bara symboliskt.

Så du menar att jag faktiskt kan be dig om direkta råd?

Självklart! Kör hårt.

Nu gör du mig nervös. Det känns nästan som i gamla sagor, när någon möter en ande och får tio önskningar uppfyllda.

Om du drar dig till minnes, berättar de här sagorna ofta om vad som händer när man har okloka önskningar. Så, mitt första förslag är: avstå från att be mig bara tala om för dig vad du ska skriva. Låt oss tillsammans utforska det ämne du vill beskriva.

Du har verkligen bestämt dig för att låta oss ha vår fria vilja, eller hur?

För att något nytt ska skapas, behövs skaparkraft. Skaparkraft kommer ur att olika fria sinnen förenas.

Jag är inte säker om jag förstår hur du menar där, men det känns intuitivt rätt.

Det räcker bra. Har du någon idé för din bok?

Jag jobbar ihop med Gud! Jesus Kristus - oj hördu, ursäkta mig för att jag missbrukar ditt namn. Men ändå - det här kommer ta ett tag för mig att smälta. Men, i vilket fall - det får bära eller brista...

Jesus om att fånga tjuren. Lars Gimstedt

Ett tag sedan hade jag en idé om att använda ett koncept som jag redan har använt i en av mina föregående böcker och i en e-kurs: bilderna i den urgamla buddhistiska berättelsen "Tjuren och hans herde." Symbolerna i den här berättelsen betyder mycket för mig och de har hjälpt mig att hålla mig kvar på min andliga väg, sedan många år.

Bra idé! Och också, ett välkommet avsteg från alla kristna symboler. Även om de är viktiga för många, så har de ibland använts på sätt som inte gagnat någon.

OK. Hur ska vi börja?

Lägg bara in symbolerna, tillsammans med dikterna du hittat, i den här boken, och låt oss utforska tillsammans vad man kan säga om att vakna till sitt Sanna Jag.

Jag känner hur att ha en sådan här struktur lugnar min inre ingenjör... Kan det finnas en risk att mitt ego och mitt rationella tänkande tar över igen?

Du kommer att vara OK så länge du inte betraktar symbolerna som Sanningen, utan som tillfälliga skyltar som <u>pekar</u> mot Sanningen, skyltar som kan hjälpa läsaren att upptäcka den själv.

Tack. Jag inser åtminstone sanningen i skylten du påminde mig om förut, om "koppla av och ha en bra dag". När jag lyssnar på dig, känns det som att jag kan låta mig själv göra det som skylten säger.

Bra, kreativitet gynnas också av ett avslappnat sinne. Ett till förslag: att använda <u>alla</u> sinnen förstärker lärande. Du skulle kunna informera dina läsare om att du har spelat in dig själv när du läser dikterna.

Jesus om att fånga tjuren. Lars Gimstedt

Självklart. Här är det: http://psykosyntesforum.se/Svensk/PsF_0892_Tjuren/PsF_0892_Tjuren_1.html .

Utmärkt. Så, låt oss börja!

OK... men först, jag fick just en idé för titeln - skulle det vara OK för dig om jag kallar den "Jesus om att fånga tjuren?"

Det där har en trevlig ekumenisk touch. Så länge du gör klart att vi skapat det här tillsammans, kör för det.

Tack för ditt förtroende att låta mig använda ditt namn på det här viset.

Så, här kommer den första bilden:

Jesus om att fånga tjuren. Lars Gimstedt

1. Söker efter tjuren.

Söker efter vad? Tjuren har aldrig kommit bort. Men utan att veta det har herden gjort sig främmande för sig själv och då förlorades tjuren i dammet. Bergen hemma fjärmar sig mer och mer, och plötsligt befinner han sig på stigar som går härs och tvärs. Hunger efter vinst och rädsla för förlust blossar upp som eldsvådor, och åsikter om rätt och fel står mot varandra som spjut på ett slagfält.

Jesus om att fånga tjuren. Lars Gimstedt

1

Ensam i en vidsträckt vildmark, letar herden efter sin tjur
i det höga gräset.

Bred flyter floden, långt sträcker sig bergen, och ännu
längre än så sträcker sig stigen in i vildmarken.

Vart han än söker, finner han inget spår, ingen ledtråd.
Utmattad och misströstande,

Hör han i den djupnande skymningen bara syrsan
spela i lönnsnåren.

2

Stirrande i fjärran, rusar den sökande herden vidare.

Vet han att hans fötter redan har sjunkit djupt
i det dyiga träsket?

Hur ofta har han inte, i det doftande gräset under den
sjunkande solen,

Nynnat på Hsin-feng, Herdens Sång, förgäves?

3

Där finns inga spår där han började.
Men var ska man börja leta då?

Vilse, irrar han omkring i tät dimma och snåriga buskage.

Ovetande, nuddande tjurens mule,
är han redan tillbaks som gäst,

Men trots det, under träden i vattenbrynet,
sorgesam är hans sång.

Jesus om att fånga tjuren. Lars Gimstedt

Jag kan förstå att den här texten fångade din uppmärksamhet, vid det där tillfället för länge sedan. Du längtade efter något, men du var inte ens medveten om att du bar på en längtan.

Hur vet du det? ... Åh, det klart. Du har funnits nära mig hela tiden, eller hur? Vilket tålamod...

En bra sak med att vara utanför tiden är att jag inte behöver ha tålamod. Allt händer nu.

Men varför har det känts så bra att låta sig ledas av de här bilderna och att meditera på dem, en efter en?

För att genom att göra det kan vara ett bra sätt att använda tid. Egot kan fjättra dig i tiden, och hindra dig från att vara närvarande. Men när du är Rättsint, kan du använda tiden som ett verktyg för lärande.

Men, tillbaks till bilderna. De är urgamla, så uppenbarligen har många velat använda dem. Vad har de sökt efter? Varifrån kommer den här längtan?

Använd symboliken i historien om Adam och Eva: i det ögonblick de trodde att de lärt sig om gott och ont, blev de främmande för sig själva, och de började tro att de hade förmågan att skapa sig själva.

De gamla berättelserna talar om hur Adam föll i en djup sömn. Talar de om samma sak?

Ja, att somna är en livfull symbol för att tappa kontakt med Verkligheten, och för att börja drömma. I drömmen, kändes Adam och Evas upplevelse som verkligheten, men jag stavar det med litet v, medan den Sanna Verkligheten stavar jag med stort V.

Men tillbaks till min fråga - varifrån kom den där längtan? Var de inte tillfreds i sin nya verklighet?

Jesus om att fånga tjuren.　　　　　　　Lars Gimstedt

De kunde inte släppa den här nya tanken - att de tagit över Guds makt - men i samma ögonblick de trodde så, kom en ny känsla - skuld. Och ur skuld kom rädsla, rädsla för Guds hämnd. De projicerade allt detta bort från sitt medvetande, och tillverkade ett minne om hur Gud kastade ut dem från sitt Paradis. Den längtan som ligger djupt nere i varje människas hjärta är längtan efter detta förlorade Paradis.

I Guds fullkomliga Kungarike, Paradiset, hur kunde det här någonsin hända?

Det gjorde det inte. Det enda som hände var att tanken kom upp, och allt som följde är en mardröm. De lämnade aldrig Paradiset. De, och vi alla, är fortfarande där, tillsammans med Gud, ett med Honom.

Men hur kommer det sig att vi inte bara inser det här och vaknar?

Precis av den anledningen du talade om i ditt förord: insikter leder inte i sig själva till inre förändring. Men, för att svara på din fråga om längtan. Den här längtan formulerades undermedvetet som en fråga, "hur ska vi hitta tillbaks? och i samma ögonblick som den misstagna tanken kom, och med den skuld och skräck, och sedan denna fråga, lade jag ned svaret i det djupaste skrymslet i era själar.

Så vad är det som hindrar oss?

Återvänd till symbolen Adam och Eva: de flydde, och tillverkade ett gömställe där de kunde övertyga sig själva om att där skulle Gud aldrig finna dem. Först, gömde de sig som små smulor av "död materia" utspridd i en nästan fullkomligt tom och oändlig rymd, sedan, när deras undermedvetna längtan tillsammans

Jesus om att fånga tjuren. Lars Gimstedt

med mitt svar ledde till uppkomsten av fysiologiskt liv och ett mentalt uppvaknande, gömde de sig i en oändligt komplicerad labyrint av tankar som kallas egot.

Så, Herden i dikterna har trasslat in sig i sitt ego, och utan att veta varför, längtar han efter att finna sitt Sanna Jag?

På ett medvetet plan misstar många den här längtan som längtan efter lycka, som om att finna lyckan skulle kunna vara ett resultat av eftersökning. I den här felaktiga övertygelsen försöker många att söka efter lyckan på många olika sätt - rikedom, nöjen, social status, kunskap, makt. Det är inte i sig fel att söka efter dessa ting, men att hoppas kunna finna sitt Sanna Jag i detta är förgäves. Slutresultatet blir alltför ofta nedstämdhet och en minskad känsla av självvärde, som också uttrycks i orden "Bergen hemma fjärmar sig mer och mer".

Så man kan inte sträva efter att nå sitt Sanna Jag?

Nej, varje försök, varje medveten handling, kommer att föra dig längre bort från ditt Själv. Bara genom att bli Närvarande, att bli fullkomligt uppmärksam, och att bli stilla, kan man finna sitt Själv, som aldrig gått förlorat. Det som driver Herden att fortsätta att sträva, är hans undermedvetna blockering mot denna inre kunskap - "Ovetande, nuddande tjurens mule, är han redan tillbaks som gäst."

Jag kan verkligen känna Herdens frustration. Även om jag tror att jag numera har lyckats komma förbi de värsta stadierna för mitt ego, sitter jag fortfarande lika fast som Herden. I början av min resa mot att finna mitt Själv, minns jag tydligt hur mitt liv dominerades av konflikter, av att "ha rätt", av att

Jesus om att fånga tjuren.   Lars Gimstedt

hävda mig själv, precis som texten under bilden beskriver: " Hunger efter vinst och rädsla för förlust blossar upp som eldsvådor, och åsikter om rätt och fel står mot varandra som spjut på ett slagfält."

Men jag känner att du inte dömer dig själv för detta. Vad känner du inför ditt yngre jag, och inför andra som fortfarande är kvar i det här skedet av sina liv?

Jag känner medkänsla. Och sorg - vilket slöseri med tid...

Medkänsla är naturligt att känna. Men känn inte sorg. Varje människas resa är olik andras, men allt som händer är för ens eget bästa.

Så allt som händer har någon slags dold mening?

Nej, där finns ingen inneboende mening i något av den verklighet ni byggt upp för er själva. Den mening ni finner är antingen den ni tillverkar eller skapar. Alltför ofta, tillverkar ni det meningslösa, och misstar det för sanning. Men, om ni förblir närvarande, uppmärksamma, lyssnar inåt, och avstår från att döma det som händer som "bra" eller "dåligt", så kan ni skapa en djupare mening som kommer att hjälpa er framåt på er resa mot att vakna upp.

Så vad är det jag behöver bli medveten om?

Flera saker. Främst, ditt egos ständiga ränksmideri - "Vet han att hans fötter redan har sjunkit djupt i det dyiga träsket?" För det andra så behöver du bli medveten om den stilla och tysta rymden inom dig själv, eller bakom eller under dina tankeprocesser. Det är in i denna rymd, som du först kommer att uppleva som fullkomlig tomhet, som du behöver ta dig.

Jesus om att fånga tjuren.   Lars Gimstedt

Lätt att säga, svårare att göra... allt jag kan göra mig medveten om är hur mina tankar kommer, hur min hjärna bara fortsätter att producera dem...

Det är en god början. Att bli medveten om detta hjälper dig att ta ett första steg ut ur dem. När du observerar dem, identifierar du dig inte längre helt med dem. Fråga dig själv: vem i mig är det som observerar?

Jag kan göra det här under korta ögonblick. Men, under större delen av tiden känner jag mig verkligen som Herden i beskrivningen ovanför: "Stirrande i fjärran, rusar den sökande herden vidare." Frustrerande...

Jag beskrev den här känslan av frustration i En Kurs om Kärlek:

> *"Er jakt efter det ni saknar blir en löptävling mot döden. Ni söker det här, ni söker det där, och jäktar på till nästa sak och till nästa. Varje människa är ensam i sitt eget lopp, och hoppas på seger bara för sin egen del. Ni inser inte att om ni bara stannar och fattar er broders hand, så kommer tävlingsbanan förvandlas till en dal av liljor, och ni kommer att återfinna er själva på andra sidan målsnöret, där ni äntligen kan vila."*

Vilken vacker beskrivning. Den fick min längtan efter att vakna att växa ännu mer, men <u>hur</u> ska det här gå till? Det låter så enkelt när du säger det, men i vardagen känns det frustrerande svårt!

Jag tror att du gör det mer invecklat än det är. Börja med små saker - ett oväntat leende mot någon du möter, ett vänligt ord, en kärleksfull beröring - och åse mirakler inträffa!

Jesus om att fånga tjuren. Lars Gimstedt

Tack för ditt tålamod med mig, och mitt envisa ego... jag <u>gör</u> saker invecklade, mina tankar gör det. Jag borde lärt mig min läxa vid det här laget, om att där finns bara två känslor som påverkar oss: Kärlek eller rädsla. Och att mitt svar till bägge behöver bara vara ett och samma - Kärlek.

Jag förstår nu varför ja lade in den här meditationen under Lektion 1 i "En Kurs i Mirakler" i min e-kurs "Ett psykosyntesperspektiv på EKIM":

"Ingenting jag ser betyder någonting."

Det här känns verkligen som det hänger ihop med meningen i den tredje koan-dikten:" Vilse, irrar han omkring i tät dimma och snåriga buskage."

Men, låt oss fortsätta till nästa bild. Jag känner mig verkligen sugen på att komma in i den här beskrivningen av uppvaknandets process!

OK, men tänk på: det finns ingen sådan "process". De här "stegen" är beskrivningar av inre tillstånd som på ett djupare plan kan sägas pågå samtidigt. Det vanligaste är att man pendlar mellan de här olika nivåerna hela tiden. Men, man kan använda tiden, som verkar flyta under det att man följer bilderna, på ett klokt sätt, som vägskyltar som pekar ut rätt riktning på ens resa.

Jesus om att fånga tjuren. Lars Gimstedt

2. Finner spåren.

När han läser Sutraverserna och lyssnar på vad de lär, får herden en svag aning om budskapet och meningen i dem. Han har upptäckt spåren.

Nu vet han att hur varierat eller mångtydigt allt är, härrör allt ändå från samma rena guld, och att han till sin natur inte skiljer sig från någon annans.

Men han kan ännu inte åtskilja det äkta och det falska, ännu mindre urskilja det sanna från det osanna. Han kan därför inte komma genom porten, och det kan bara med förbehåll sägas att han har funnit spåren.

Jesus om att fånga tjuren.   Lars Gimstedt

1

> Under träden vid vattnet löper tjurens spår här och där.
>
> Har herden hittat vägen genom det höga, doftande gräset?
>
> Hur långt bort tjuren nu må löpa,
> även om det är upp i bergen,
>
> med mulen uppsträckt mot himlen,
> kan han inte gömma sig längre.

2

> Många falska spår korsas där det döda trädet
> står vid klippan.
>
> Oförtröttligt springer han runt runt,
> på sin instängda gräsplätt,
>
> Vet han att han går fel? I sitt sökande,
> just när hans fötter följer spåren,
>
> Har han gått förbi tjuren och låtit honom fly.

3

> Många har sökt efter tjuren men få har
> någonsin sett honom.
>
> Uppe nordvart i bergen eller nere i söder,
> fann han sin tjur?
>
> Den Enda Vägen av ljus och mörker,
> längs vilken allt passerar;
>
> Fann herden sig vara på den Vägen
> behövde han inte söka annorstädes.

Jesus om att fånga tjuren. Lars Gimstedt

Jag förstår nu vad du menar med att pendla mellan de olika nivåerna som de här bilderna beskriver. Jag har arbetat med dem under mycket lång tid, jag har mediterat på dem och på texterna och dikterna, men djupt nere i mig själv inser jag att jag inte är färdig ens med det här steget - på något plan befinner jag mig fortfarande på samma ställe som Herden gör här:

> "När han läser Sutraverserna och lyssnar på vad de lär, får herden en svag aning om budskapet och meningen i dem. Han har upptäckt spåren."

Jag har egentligen inte funnit något på riktigt, jag har bara "en svag aning"...

Och samtidigt - vilken stor skillnad det här är jämfört med att bara längta. Man kan fastna i längtan, och egot vill inget hellre. Egots outtalade budskap är "sök, men finn <u>inte</u>". Egot vill rikta din längtan bort från Sanningen, och om det inte lyckas med det, försöker det att få dig att bara längta, vara passiv, och förbli i önsketänkande.

Men kommen så här långt på din resa börjar du hitta något, även om det bara är spår. Den första dikten beskriver hur du nu kan bli medveten om vad ditt sinne håller på med: " Hur långt bort tjuren nu må löpa, även om det är upp i bergen, med mulen uppsträckt mot himlen, kan han inte gömma sig längre."

Jag ser vad du menar. Till och med när jag började skriva den här boken, halvvägs genom förordet, blev jag plötsligt medveten om vad mitt ego-sinne höll på med, och jag stoppade mig själv.

Men, det känns som att hålla sin uppmärksamhet aktiv kräver en nästan omänsklig ansträngning. Så snart jag finner spår av mitt Sanna Jag och av min

Jesus om att fånga tjuren.   Lars Gimstedt

Rättsinthet, tar mitt ego över och mitt rationella tänkande börjar analysera, plocka isär det jag upplever, och jag är inte längre närvarande i Nuet. Den andra dikten beskriver verkligen mig:

> "Vet han att han går fel? I sitt sökande, just när hans fötter följer spåren, har han gått förbi tjuren och låtit honom fly."

Jösses, det här är verkligen en frustrerande uppgift!

Så snart som du dyker ned i dina tankar om dåtid, där du återupplever det du upplevt och där du rekapitulerar det du tror dig veta, och i dina tankar om framtiden, där du planerar för hur du ska söka efter Tjuren, så slutar du vara närvarande i Nuet.

Men, som den sista dikten säger: "Den Enda Vägen av ljus och mörker, längs vilken allt passerar; Fann herden sig vara på den Vägen behövde han inte söka annorstädes."

Den säger: när du upptäcker att du har slutat vara närvarande, bara stoppa dig själv, och gör dig närvarande igen. "Den Enda Vägen av ljus och mörker" är det Närvarande Ögonblicket, där allt Verkligt händer för dig att upptäcka, det enda stället där du egentligen kan existerar och <u>agera</u> som ditt Sanna Jag.

Så, mitt råd till dig är: du behöver bara <u>vilja</u> tro att det är så här, och du behöver stilla dig. Lyssna inåt, <u>var</u> med Vad Är utan att bedöma, och du kommer till slut att "finna dig själv vara på den Vägen".

Men det här är en paradox! Du säger att allt jag behöver är att göra ingenting, och att bara låta mig själv vara närvarande. Och samtidigt håller vi två på att utforska de här tio bilderna som verkar tala om

Jesus om att fånga tjuren. Lars Gimstedt

att sträva efter en väg mot upplysning, och att göra det på ett speciellt sätt.

Det här <u>är dömt</u> att vara en paradox för ditt sinne, på den nivå där du befinner dig på nu. Som jag sagt förut, vi använder tiden som ett verktyg för lärande. Men tid är egentligen en illusion, så man skulle också kunna säga: vi använder illusionen som ett verktyg för lärande.

Jag, tillsammans med mina mirakelarbetare, kommer att använda vad som helst i er nuvarande verklighet som kan användas på sätt som gagnar er.

Jag ber dig att acceptera den här paradoxen tills vidare. Du har läst de här texterna och de här dikterna många gånger, och du minns säkert uttrycket "det underbara tillstånd där man utför icke-handling", som kommer längre ned i materialet.

OK, OK, mannen... Jag kommer bara <u>vara</u> i min frustration. Just nu kom jag att tänka på en e-kurs som jag gjort, "Släpp känslan". Där inbjuder jag läsaren att gå in i en meditation, där man på ett ställe frågar sig själv: "Skulle jag kunna gå in i den här känslan och utforska den, och fråga mig själv: Vad finns under den - mitt behov av bekräftelse, mitt behov av trygghet, eller mitt behov av kontroll?"

I mitt fall, behovet som ligger under min frustration är mitt behov av kontroll, eller snarare, min hjärnas behov av att förstå.

Om du, bara för ett ögonblick, skiftar ditt fokus från hjärnan till hjärtat, och lyssnar, vad hör du då?

Hjärnan är ett underbart verktyg för många saker, men här är hjärnan maktlös, uppenbarligen. Ditt hjärta, däremot, är något annorlunda. Och med ditt

Jesus om att fånga tjuren. Lars Gimstedt

hjärta menar jag inte muskeln som pumpar runt ditt blod och möter din kropps behov. Med ditt hjärta menar jag Ditt Sanna Jags Hjärta. Jag vet att du har hört och känt detta Hjärta förut, många fler gånger än du är medveten om.

Mitt Hjärta... det är där! Jag kan känna det du talar om. Det känns som det är skillnad mellan egots känslor och Sanna Känslor! Är det här det du menade när du sa "Tänk inte. Låt din intuition leda dig"?

Bra! En insikt som just nu blev en riktig upplevelse! Ja, det här är vad jag menade. Stanna nu bara kvar i det du upplever just nu. Vad säger dig ditt Hjärta?

Det säger åt mig samma sak, att i stället för att försöka förstå paradoxen, att välkomna den, vara med den. Åh - vilken lättnad - nu känns paradoxen bara kul. Som om att någon retar mig, fast på ett vänskapligt sätt.

Ja, jag retar dig, men bara för att jag vet att du kan ta det på ett bra sätt. Kanske att du nu kan lyssna på texten som om den skulle gälla dig. Lyssna med ditt Hjärta, när jag nu reciterar texten på ett lite annat sätt:

> *"Nu vet du att hur varierat eller mångtydigt allt än är, härrör allt ändå från samma rena guld, och att du till din natur inte skiljer sig från någon annans. Men du kan ännu inte åtskilja det äkta och det falska, ännu mindre urskilja det sanna från det osanna. Du kan därför inte komma genom porten, och det kan bara med förbehåll sägas att du har funnit spåren."*

Hur känns det att höra det här?

Det känns bra. Jag kan acceptera att jag både har funnit något och inte funnit det. I mitt Hjärta vet jag att Sanningen finns där någonstans, och att den kommer att uppenbaras för mig, men inte på ett sätt som jag kan fatta med mina tankar.

Men, något jag har funnit, är spåren som mitt ego-jag lämnat. Det här är orsaken till att jag lagt den här meditationen efter Lektion 26 i min kurs Ett psykosyntesperspektiv på EKIM:

"Mina tankar på attack attackerar min osårbarhet."

Jag har fått större och större förmåga att känna igen den skada jag gör min inre frid, så snart jag dömer någon, så snart jag låter ens den minsta uns av bitterhet få krypa in i mitt hjärta.

Bra. Du har använt den här bilden och de här texterna på ett bra sätt, och låtit dem hjälpa dig trots att du inte förstår dem helt och hållet. Låt oss fortsätta till nästa!

3. Finner tjuren.

Herden ryggar överraskad när han hör ljudet som gör att han i det ögonblicket ser källan. De sex sinnena kommer till ro i fridfull harmoni med källan. När den nu visar sig, genomsyrar tjuren allt var herden gör, ständigt närvarande som saltet i havsvattnet, eller som bindemedlet i målarfärgen. När herden öppnar sina ögon helt och tittar, ser han inget annat än sig själv.

Jesus om att fånga tjuren. Lars Gimstedt

1

Plötsligt drillar en lövsångare högt uppe i trädets topp.

Solen lyser varm, och i den svaga brisen visar pilen
vid vattenbrynet sin nya grönska.

Inget ställe finns längre där tjuren kan gömma sig;

Ingen konstnär skulle kunna avbilda det praktfulla
huvudet med sina svepande horn!

2

När han såg tjuren och hörde den böla,

Överträffade Tai-sung, konstnären, sig själv.

Porträttlikt målade han av sitt hjärtas tjur
från huvudet till svansen,

Men, vid närmare betraktande,
är han ändå inte riktigt färdig.

3

När han nu ser tjuren tätt inpå, ansikte mot ansikte,

Behöver han inte längre följa ljudet av råmandet.
Den här tjuren är varken vit eller blå.

Under det att han tyst nickar, ler herden för sig själv.

Ett sådant motiv kan inte återges i bild!

Jesus om att fånga tjuren. Lars Gimstedt

Jag får gåshud när jag läser "När herden öppnar sina ögon helt och tittar, ser han inget annat än sig själv." Den meningen väcker verkligen upp min längtan, min "gudomliga hemlängtan".

Jag tror inte att jag någonsin varit i närheten av den här nivån. Men jag finner tröst i den första meningen, som tycks mena att finna Tjuren är inte något som kommer ur att Herden <u>ansträngt</u> sig, det är något som bara händer: "Herden ryggar överraskad när han hör ljudet som gör att han i det ögonblicket ser källan."

Är det här det som Siddharta Gautama upplevde, under fikonträdet? Var det här något som kom ur det Svar du talade om förut, det du lade ned i våra hjärtan när vi somnade?

Ja, Siddharta vaknade till Kallelsen långt före mannen Jesus. Siddharta såg egot tydligt, och dess ständiga ränker, men han nådde aldrig ända fram till att identifiera sig helt med Den Helige Ande, som jag gjorde, när jag var den unge mannen Jesus.

Men han beredde vägen, och bidrog på ett avgörande sätt till Planen.

Berätta för mig om den här Planen - menar du Försoningen, eller Soningen som du kallar den i ACIM. Håller den på att komma fortare nu i vår tid, är det den som har inspirerat termen New Age?

Ja, Soningen är en annan användbar symbol. Liksom termer som Förlåtelse, Mirakler, Enhet. De här orden <u>är</u> inte Sanningen i sig själva, men de <u>pekar</u> mot Sanningen, som inte kan uttryckas i ord eller förstås av tanken. Det här är vad som menas med meningen "De sex sinnena kommer till ro i fridfull harmoni med källan."

Jesus om att fånga tjuren. Lars Gimstedt

Men, till din fråga om Planen. Som jag sagt förut, alla är kallade att vakna, men få har lyssnat. Helen Schucman, som tecknade ned En Kurs i Mirakler, ställde samma fråga till mig fyrtio år sedan, och jag svarade då:

> *"Situationen i världen håller på att bli värre i en alarmerande hastighet. Många människor runt om i världen har fått kallelsen att hjälpa till, och de gör sina individuella insatser som en del av en heltäckande plan, som gjorts upp för länge sedan. På grund av det akuta nödläget, emellertid, har den normalt långsamma evolutionära processen nu överridits i vad som kanske bäst skulle kunna beskrivas som en 'himmelsk uppsnabbning.' "*

Är det ökande intresset för österns religioner här i västvärlden ett resultat av den här 'himmelska uppsnabbningen' också?

Ja, det är det. Som jag sade i En Kurs i Mirakler, i Manual för Lärare: "En universell teologi är omöjlig, men en universell upplevelse är inte endast möjlig utan nödvändig."

Du sade att du inte har varit nära upplevelsen som texten under bilden beskriver. Det kan jag försäkra dig om att du har, men ditt ego och dina tankar kan inte acceptera det här ännu.

Fler människor än du kan ana håller just nu på att öppna sig mot den här upplevelsen. Många har blivit medvetna om det, och håller på att finna sin inre frid, men många fortsätter att förtränga det. De som kämpar mest med det här är fundamentalisterna.

Vad är det du säger - menar du att fundamentalisterna i de olika religionerna som strider mot varandra, är de nära den här upplevelsen? Jag trodde de hörde till dem, som sov allra djupast!

Ja och nej. Deras längtan är akut, men egot, både det individuella och det kollektiva, är därför skräckslaget och kämpar vildsint för sin överlevnad. Människorna med den här sortens intensiv rädsla är de som utagerar på extrema och destruktiva sätt. Men till och med de här stackars männen och kvinnorna behöver ses som våra Bröder och Systrar, de hör till dem som mest behöver få ta emot Kärlek och Förlåtelse. Samtidigt så behöver de förstås hindras från att skada andra och därigenom också skada sig själva.

Att finna Tjuren, att höra dess röst, är att höra ens Sanna Självs röst. Att finna den är att förändra varseblivning till Sant Seende. Varseblivning är projektion av ens föreställningar ut på världen. Sant Seende är att bli medveten, att se klart, och genom det veta i stället för att tro:

> *"När herden öppnar sina ögon helt och tittar, ser han inget annat än sig själv."*

Hm, jag förstår varför böckerna där du lär ut Förlåtelse och hur man ska utsträcka sin Kärlek är så tjocka - EKIM och A Course of Love omfattar tillsammans nästan två tusen sidor... Den här läxan måste vara den svåraste mänskligheten någonsin fått.

De här böckerna du talar om, de lär inte ut hur man ska Förlåta eller hur man ska utsträcka Kärlek. De lär ut hur att bli medveten om vad det är som hindrar det här att flyta naturligt ut från dig. De försöker att få er att inse vilka ni egentligen är, de försöker plocka isär era övertygelser om maktlöshet, om att ni är åtskilda från varandra och från mig.

Jesus om att fånga tjuren. Lars Gimstedt

Ni är Kärlek. När ni inser detta, inte bara med hjärnan utan också med Hjärtat, kommer ni till fullo förstå texten under den här bilden:

> "När den nu visar sig, genomsyrar tjuren allt var herden gör, ständigt närvarande som saltet i havsvattnet, eller som bindemedlet i målarfärgen."

Så, det de gamla zen-mästarna försöker att lära mig här (och jag antar, även du, genom dem) är att acceptera idén att jag faktiskt <u>har</u> funnit mitt Själv, idén att jag <u>kan</u> uppleva det, och också att acceptera att det här är bara ett av de första stegen på trappan mot Ljuset:

> "Porträttlikt målade han av sitt hjärtas tjur från huvudet till svansen, men, vid närmare betraktande, är han ändå inte riktigt färdig."

Citatet du använder här beskriver dig mer än jag tror du är medveten om: du tror att vad som förväntas av dig är att acceptera idén, att vara villig att öppna dig för den. Men, och det här kanske känns som en sträng befallning från mig: mer än det förväntas av dig. Du ska använda din Fria Vilja och <u>besluta</u>, inte bara acceptera!

Genom min nedtecknerska Mari Perron, skrev jag i A Course of Love:

> "Valet att förändra din övertygelse ligger framför dig. Är du inte redo att göra detta val? Som du en gång i tiden valde åtskildhet kan du nu välja samhörighet. Att inte veta att samhörighet fanns som ett val hindrade dig att göra detta val fram till nu. Nu säger jag dig: sannerligen, valet är ditt. Gör ett nytt val. När du nu väljer på nytt, kom ihåg att ditt val måste vara helhjärtat, för bara när man är helhjärtad har man sann viljestyrka. Ett sinne som inte har kontakt

med hjärtat kan hindra dig från att använda denna viljestyrka, med det kan aldrig hindra dig att hävda din rätt till den. Välj på nytt och låt himlens makter förena sig för att sluta klyftan mellan ditt sinne och ditt hjärta, och göra dig hel återigen."

Tack, Jesus. Åter och åter igen, behöver jag påminnas. Och, nej, din befallning känns inte sträng, den känns som en gåva. Gåvan som består i att vi blir påminda om vår makt, den inre makt vars existens vårt ego så frenetiskt förnekar. Eller, snarare, inte vår makt, utan vår obegränsade tillgång till din.

Så, jag <u>beslutar</u> att jag <u>kan</u> finna mitt Själv! Men efter att ha gått igenom lektionerna i En Kurs i Mirakler så många gånger, efter att ha mediterat så ofta på bilderna om Tjuren, så vet jag att jag måste ta det här beslutet igen och igen, innan något mirakel kan hända. Att vara "uppmärksam på Guds Kungarike", att <u>välja</u> det, i stället för de illusioner jag byggt upp. Är det inte det nästa bild, "Fångar tjuren", handlar om?

Jo, du har rätt. Att finna är ett nödvändigt steg, men som jag förklarade i den sjunde mirakelprincipen: "Mirakler är allas rättighet, men rening är nödvändig först."

Låt oss titta på den, och se vilka idéer, tankar och känslor som kommer upp ur vårt gemensamma studium av nästa bild, texten och dikterna.

Jesus om att fånga tjuren.

4. Fångar tjuren.

För första gången mötte han idag tjuren, som så länge gömt sig i vildmarken. Men det tryggt hemtama landskapet lockar fortfarande tjuren starkt. Han dras till det doftande gräset och är svår att hålla fast. Envist trots rasar i honom och han styrs av sina djuriska drifter. Om herden ska kunna få tjuren riktigt tam, måste han tukta honom med piskan.

Jesus om att fånga tjuren. Lars Gimstedt

1

Med stora ansträngningar lyckades herden fånga tjuren.

Men envis, egensinnig och stark - den här tjuren
är inte lätt att tämja!

Då och då bryter han sig fri och klättrar iväg till högplatån

Eller rusar ned in i de dimmiga träsken
för att gömma sig där.

2

Håll tygeln med fast hand och släpp inte taget.

Många knappt märkbara ovanor har ännu
inte kunnat avlägsnas.

Hur mjukt herden än drar i nosringen,

Kan tjuren fortfarande rygga och försöka
kasta sig tillbaks till vildmarken.

3

Trots att tjuren är infångad där det doftande gräset
växer mot himlen,

Får herden inte släppa tygeln bunden vid nos-ringen.

Trots att vägen hem redan tydligt visar sig,

Måste herden ofta låta tjuren stanna till, vid det blåa
vattendraget eller på det grönskande berget.

Jesus om att fånga tjuren. Lars Gimstedt

Ibland förundras jag över den kraft som ibland vägleder oss, och som vi kallar synkronicitet. När jag kom hem igår från mitt kontor, efter att ha skrivit färdigt förra kapitlet, och hade börjat fundera över vad jag skulle skriva runt Fångar Tjuren, hamnade jag i ett gräl med min 16-årige son. Jag hade kommit hem tidigt, för att hjälpa honom med en matteskrivning ha skulle ha nästa dag, men i stället för att tacka mig för det, kritiserade han mig för att jag inte hade kommit hem ännu tidigare.

Mitt sårade ego reagerade med att skrika åt honom och slänga igen hans dörr. Trots min ilska, fick något mig att omedelbart gå hemifrån för att ta en rask promenad, i stället för att vänta på hans reaktion (från *hans* ego...). Med hög puls, gick jag så snabbt att jag hyper-ventilerade och nästan blev kräkfärdig. Utan att tänka på vart jag gick, kom jag fram till toppen av en hög kulle med en utsiktspaviljong, och vår hemstad bredde ut sig under mina fötter.

Plötsligt, när jag såg "världen" uppifrån på det här sättet, ebbade min ilska ut, och i stället började jag gråta bittert över att ha misslyckats med att förbli lugn och vuxen. Jag skämdes djupt över mig själv. Men mitt i alla nedgörande tankar om mig själv, hörde jag en röst inom mig som sade "Men du fångade den ju!"

Och jag insåg att genom att lämna huset, hade jag symboliskt sett släpat ut mitt ego, och fångat det i nackskinnet genom att bokstavligen göra det fysiskt utmattat.

Det här fick mig att känna fullkomlig inre frid, och jag började gå hemåt. Återigen ledde mitt undermedvetna mig, och jag passerade vår lokala kyrka. På en ingivelse, gick jag in. Där hade nattvarden just börjat, och jag anslöt mig till församlingen i att ta emot brödet och vinet. Efteråt kände jag en djup glädje och tacksamhet mot dig.

I det här fallet, tacka inte mig, även om jag kanske inspirerade dig. Du fångade "din tjur" själv, precis i tid. Nästa gång kommer du att göra det <u>innan</u> du smäller igen dörren.

Det du upplevde verka likna det texten under bilden beskriver: "Envist trots rasar i honom och han styrs av sina djuriska drifter. Om herden ska kunna få tjuren riktigt tam, måste han tukta honom med piskan."

Jag kan bara hålla med. Vid utsiktspaviljongen upplevde jag till och med mitt ego som något som stod vid sidan av mig, som någon slags illvillig varelse som jag släpat med mig, fastbunden med ett starkt rep. Men samtidigt, visste jag att den är en del av mig, en del jag måste fånga igen och igen, och som jag måste jobba med. Efter att jag kommit hem, senare på kvällen, fick jag en impuls att rita en skämt-teckning om mitt ego. Kanske gjorde jag det som ett sätt att hjälpa mig själv att förbli medveten om det och för att visa medkänsla mot mig själv för att jag har det, genom att placera det utanför mig själv:

Hej! Trevligt att träffa dig! Här är min fru, våra ungdomar och mitt ego.

Jesus om att fånga tjuren. Lars Gimstedt

Bra, det verkar som att du verkligen håller ett öga på honom! Och också avdramatiserar det här att ha ett ego. Skam gagnar er inte. Det är till och med så att skam är en känsla som drivs på av egot, med avsikt att nedvärdera.

Men, din berättelse beskriver en ganska uppenbar ego-reaktion. Hur är det med de mer dolda reaktionerna? Som en av dikterna beskriver: "Håll tygeln med fast hand och släpp inte taget. Många knappt märkbara ovanor har ännu inte kunnat avlägsnas."

Jag är medveten den ständiga risken i att låta mitt ego förgifta mitt arbete i min roll som hjälpare. Även när jag drivs av god vilja kan mitt ego ta över, och egot gör det <u>alltid</u> på omärkliga sätt, och döljer det genom att få det att framstå som "god vilja" och "empati".

I delen av EKIM som handlar om psykoterapi, skriver du om vikten för terapeuten att förbli uppmärksam på sitt ego:

> "För detta krävs bara en enda sak; terapeuten får inte på något sätt förväxla sig själv med Gud. Alla 'icke helade helare' gör denna fundamentala sammanblandning i en eller annan form, eftersom de inte kan låta bli att se sig själva som självskapade snarare än Gudsskapade. Denna sammanblandning är sällan, om ens någonsin, medveten."

För dig själv, har inte den här risken att göra med de tillfällen när din "inre ingenjör" och din hjärna tar över, genom att ivrigt och med goda avsikter följa en "terapeutisk process", som ibland kan vara bra och ge enbart positiva resultat, men som vid andra tillfällen gör att du slutar att lyssna med ditt hjärta?

Jesus om att fånga tjuren. Lars Gimstedt

Jo, jag håller med om det. Jag arbetar med Neurolingvistisk Programmering och andra kognitiva metoder, och så fort jag tappar kontakten med mitt Hjärta, drar min hjärna iväg mig på vägar som kan kännas välmenta och som kan hjälpa kortsiktigt, men som kanske inte är de min klient behöver långsiktigt. Texten i början gäller verkligen min "inre ingenjör", som du talade om:

> "Det tryggt hemtama landskapet lockar fortfarande tjuren starkt. Han dras till det doftande gräset och är svår att hålla fast."

Att arbeta med metoder som får <u>mig</u> att gilla mig själv och som får mig att känna mig stolt över mina förmågor, kanske inte hjälper min klient att finna sitt Högre Jag, sitt Själv, även om han eller hon känner sig hjälpta i stunden.

När jag lyckas hålla kvar kontakten med mitt Hjärta, i allt jag gör, är det framför allt för att jag då minns ditt råd i EKIM:

> "En terapeut helar inte; <u>han låter helandet ske</u>. Han kan peka på mörkret, men han kan inte av sig själv ge ljus, därför att ljuset är inte av honom. Men eftersom det är för honom, måste det också vara för hans patient. Den Helige Ande är den ende Terapeuten."

Faktum är att vad jag sade där om terapeuter gäller vilket yrke som helst. Allmänt kan man säga att en sant professionell är en person som erbjuder andra det de verkligen behöver, vare sig det är en materiell vara eller en tjänst.

Mina mirakelarbetare sträcker alltid ut min Kärlek i det de gör och genom hur de ser sig själva och andra, vilket yrke de än formellt har.

Jesus om att fånga tjuren. Lars Gimstedt

Därför är det så att vara sant professionell är att veta att du använder dina kunskaper och dina färdigheter som medel att uppnå ett syfte, och att syftet är att vara ett användbart verktyg i Guds händer.

De som tror sig veta vad som är bäst att göra, och som bara har som sitt syfte att använda sin skicklighet, de kommer att gå vilse.

Jag känner igen det här, är inte det samma tankegångar som i bönen du föreslog i EKIM T2.V.A.18?

> "Jag är här enbart för att vara sant hjälpsam. Jag är här för att företräda Honom Som har sänt mig. Jag behöver inte bekymra mig om vad jag skall säga eller göra, för Han Som har sänt mig kommer att leda mig. Jag är nöjd med att vara varhelst Han önskar, då jag vet att Han går dit tillsammans med mig. Jag kommer att helas då jag låter Honom lära mig att hela."

Jo, det är det. Men, den här bönen ska inte bara användas som en slags beslutspunkt vid ett enda tillfälle. Som den sista dikten under Tjurbilden säger:

> "Trots att tjuren är infångad där det doftande gräset växer mot himlen, får herden inte släppa tygeln bunden vid nos-ringen. Trots att vägen hem redan tydligt visar sig, måste herden ofta låta tjuren stanna till, vid det blåa vattendraget eller på det grönskande berget."

Ditt ego kommer att fresta dig åter och åter igen, och ibland kommer du också bli tvungen att acceptera att det andra vill ha av dig inte alltid möter deras verkliga behov. Men, genom att ha som vana att upprepa bönen för dig själv det första du gör varje morgon, så kommer du i alla fall inte att göra någonting värre för någon,

Jesus om att fånga tjuren. Lars Gimstedt

och du kommer att hela tiden göra dig själv medveten om att "vägen hem visar sig redan tydligt".

Det låter inte som att "Fånga Tjuren" är något man gör vid ett visst tillfälle, och sedan är det bra med det...

Kanske inser du nu varför många av de här läromedlen sagts ha "holografisk karaktär". En Kurs i Mirakler och En Kurs om Kärlek har det, såväl som Tjurbilderna. Som jag påpekat förut, "stegen" symboliserar bara vägen mot att vakna upp till sitt Sanna Jag, sitt Själv, men man kommer i verkligheten att behöva upprepa de här stegen, i en oförutsägbar ordning, beroende på vilka lektioner Livet utsätter en för.

Och vad som är ännu viktigare är att man förstår att den inre förändring man hoppas på är <u>enbart</u> resultatet av det man upplever när man <u>använder</u> insikterna man fått genom att läsa de här texterna.

Som till exempel min upplevelse igår, när jag grälade med min son?

Precis! Dina studier och ditt arbete med dig själv fick dig att stoppa dig själv, och att "välja en gång till". Men, du <u>kunde</u> fortfarande ha valt att se honom som uppkäftig och att han förtjänade att straffas, och från det valet hade du inte lärt dig något alls.

Livet hade dock givit dig samma läxa igen, med samma val igen, så om du hade gjort ett oklokt val, hade du bara slösat bort lite tid, inget mer än det.

Som det blev nu, använde du Rättsinthet i det du gjorde, och du lärde dig genom erfarenhet att öka din förmåga att Fånga Tjuren. Det är av den här

Jesus om att fånga tjuren. Lars Gimstedt

anledningen jag sade "nästa gång kommer du att göra det innan du smäller igen dörren".

Så man skulle kunna säga att uttrycket, symbolen, "Att Fånga Tjuren" är samma sak som uttrycket "Välj igen"?

Inte exakt samma sak, men de är tätt länkade.

Men nu, låt oss fortsätta. Du vet redan att "Fånga" inte är tillräckligt, även om det är en förutsättning för det jag brukar kalla "rening".

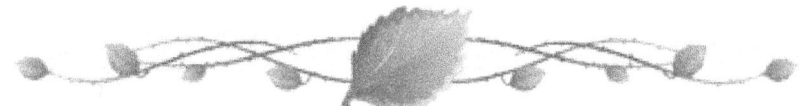

5. Tämjer tjuren.

Om så bara en ensam tanke dyker upp, kommer en till och en till i en ändlös följd. Genom uppvaknandet, ses allt som sanning; genom villfarelse, ses allt på fel sätt. Verkligheten skapas inte av det som händer utan har sitt ursprung i herdens eget hjärta. Håll tygeln med fast hand och tillåt inte tjuren att vika av.

Jesus om att fånga tjuren.　　　　　　　　Lars Gimstedt

1

Inte för ett ögonblick kan herden släppa piska och töm

För då skulle tjuren bryta sig lös och rusa in i vildmarken.

Men en gång tålmodigt tränad och helt och hållet tämjd,

Följer han herden utan grimma eller kedja.

2

Nu kan tjuren få strosa runt i skogen på kullarna,

Eller få trampa fram på allfartsvägar, täckt med damm.

Aldrig kommer han vilja beta på någon annans ängar.

Avfärd eller hemkomst går lätt - tjuren bär mannen utan väsen.

3

Genom tålmodig träning har tjuren vant sig vid herden och är helt tam.

Även när han vandrar i lera eller damm,
blir han inte smutsig.

Lång och tålmodig fostran! I ett enda plötsligt språng har herden vunnit sann rikedom.

Under träden, möter andra hans mäktiga skratt.

Jesus om att fånga tjuren.　　　　　　　Lars Gimstedt

När jag läser om att "Tämja Tjuren", kom jag att tänka på något du sade i En Kurs om Kärlek:

> "Det enda sättet att tänka efter igen är att vara helhjärtad, för ett sinne som är åtskilt från hjärtat kan inte tänka klart. Att vara hel är att vara närvarande. Att vara hel är att vara allt som man är. Att vara hel är att vara närvarande som allt man är." (26.26)

Hänger det här ihop med det som texten under den här bilden säger: "Verkligheten skapas inte av det som händer utan har sitt ursprung i herdens eget hjärta"?

Tack för att du tar upp begreppet hjärta. Ja, ens Hjärta är mycket viktigt när man väljer igen. Att vara Rättsint är att använda den del av ens sinne som har kontakt med Verkligheten, men valet *att vara Rättsint måste komma ur ens Hjärta. Och det här valet kommer inte att komma som en tanke, utan som en djup känsla från hjärtat, som en intuition.*

Så det räcker inte att göra sig ständigt uppmärksam på det som texten beskriver som "om så bara en ensam tanke dyker upp, kommer en till och en till i en ändlös följd"?

Nej, man kan aldrig bli fullt uppmärksam bara genom att använda tankar. Kommer du inte ihåg hur allt började för dig själv, fyrtio år sedan? Var det en tanke*, en idé, som fick dig att börja läsa En Kurs i Mirakler, eller var det en djup, obegriplig och störande* känsla*?*

Du har rätt... det var mitt Hjärta, det tror jag fullt och fast. Så, du menar att konstant uppmärksamhet, att vara "uppmärksam på Guds Rike", det kan bara komma från Hjärtat?

Ja. Det är bara när man är Helhjärtad som man är närvarande med Det Som Är. Och att vara fullt

Jesus om att fånga tjuren. Lars Gimstedt

medveten, att vara uppmärksam, att "hålla tygeln med fast hand", är omöjligt utan att vara närvarande i Nuet.

Jag inser att jag har använt fel kroppsdel... Men ändå, att vara Rättsint, är inte det att använda hjärnan?

Delvis är det så. Att vara Hel är att kunna använda hjärnan på ett meningsfullt sätt. Man behöver kunna tänka för att leva i den verklighet ni har satt ihop, man behöver tänka för att kunna använda sig av sina erfarenheter och sina kunskaper för att kunna planera vad man ska göra.

Men, hjärnan, era tankeprocesser, är verktyg *för att dra slutsatser, för logik och för att hantera minnen och kunskap. Å andra sidan, för att kunna fatta kloka* beslut, *behöver man Hjärtat. När man gör detta hela tiden, kommer det att hända som beskrivs i en av dikterna:*

"Men en gång tålmodigt tränad och helt och hållet tämjd, följer han herden utan grimma eller kedja."

Det låter underbart... jag riktigt längtar efter att få uppleva det den sista dikten beskriver:

"Lång och tålmodig fostran! I ett enda plötsligt språng har herden vunnit sann rikedom."

Men åter igen, att vara uppmärksam låter lättare sagt än gjort. I ens vardag, hur gör man det här? Hur kommer jag någonsin kunna hantera alla de tillfällen när jag "slumrar till" som du uttryckte det förut?

Var ärlig *och* barmhärtig. *Var ärlig först och främst* om *dig själv* inför *dig själv. Att förklara bort sina misstag, eller att skylla dem på andra, är att vara oärlig - "Genom villfarelse, ses allt på fel sätt."*

Jesus om att fånga tjuren.   Lars Gimstedt

Var barmhärtig mot dig själv, förlåt dig själv för dina mänskliga misstag, för att "slumra till".

Ur din ärlighet om dig själv och ur din barmhärtighet med dig själv, kan du välja igen, från ditt Hjärta.

Var också tacksam för de läxor Livet ger dig, och var till och med tacksam för att du begår misstag då och då, för det är genom dessa ditt största lärande kommer.

Din ärlighet och din barmhärtiget kommer att förkorta den tid som behövs, och du kommer att få uppleva det som beskrivs i dikterna under den här bilden, oftare och oftare.

Och du kommer bli överraskad att det kommer att kännas som om det här hänt utan ansträngning - att tänka kräver ansträngning, men att lyssna till sitt Hjärta kräver ingen ansträngning.

Det du talar om här fick mig att tänka på ett stycke i en bok jag har sammanställt, "En kurs till mirakler", som är en samling vittnesmål som människor upplevt. Stycket jag kom att tänka på har skrivits av en god vän, Daniel Vandinja, och det tycks verkligen beskriva samma sak som sägs i den sista raden under den här Tjurbilden: "Under träden, möter andra hans mäktiga skratt."

"En lördagmorgon i juli, i år (2013), så ägde ett Heligt Ögonblick rum. Jag vaknade på morgonen med en tung känsla av depression. Jag tänkte för mig själv att det måste finnas någon passage i Kursen som kan hjälpa mig mot denna så välbekanta känsla av 'meningslöshet', som då och då besökt mig de senaste åren. Jag slog på måfå och hamnade på kapitel 31, del VIII.1.5. Det första mina ögon fäste blicken på var meningen

Jesus om att fånga tjuren.　　　　　　　Lars Gimstedt

*'Jag är som Gud skapade mig. Hans son kan inte lida. Och jag **är** Hans son'.*

Med viss skepsis läste jag citatet, men beslöt mig ändå för att ge det en chans. Jag läste det högt för mig själv, och gav det all inlevelse jag kunde uppbringa. Efter en minut eller så blev så plötsligt orden levande för mig. En djup, vibrerande och ljus insikt kom över mig – 'Orden är SANNA!' Helt plötsligt förstod jag att citatet gäller *mig*!

Inifrån mig bubblade så ett förlösande skratt upp. Ett skratt som slet itu mitt bröst, som fick mina ögon att brisera i tårar. Jag skrattade så ljudligt att grannarna måste ha trott att jag blivit tokig. Mitt hjärta bultade, fyllt till bredden med ödmjukhet, passion, kärlek och framförallt glädje! En glädje som även mitt sinne tog del av i en blixtrande insikt om den här världens absurditet. Jag skrattade åt hur jag någonsin kunnat tro, att jag är en liten kropp som kan lida och dö. Tanken föreföll nu som så ytterst absurd att jag gapskrattade rakt ut den följande halvtimmen.

Där fanns också, i detta ögonblick, en djup känsla av vördnad och tacksamhet. Jag vandrade, skrattande och gråtande, fram och tillbaks mellan lägenhetens olika speglar. Jag bugade inför den heliga gestalt till varelse, vars kärleksfyllda, levande hjärta och tårsprängda ögon

Jesus om att fånga tjuren. Lars Gimstedt

såg tillbaks på mig, i badrummet, i köket och i vardagsrummets speglar."

Det här är en underbar illustration av det vi talar om. Och vi vet ju båda hur länge vår broder Daniel har sökt, funnit, fångat och tämjt <u>sin</u> "Tjur".

Jag skulle gissa att hans erfarenheter är som mina: där kan komma Heliga Ögonblick som det här, och där kan till och med komma längre stunder där vi lyckas vara Rättsinta och Helhjärtade. Det som jag tror den andra koan-dikten beskriver:

> "Nu kan tjuren få strosa runt i skogen på kullarna, eller få trampa fram på allfartsvägar, täckt med damm. Aldrig kommer han vilja beta på någon annans ängar. Avfärd eller hemkomst går lätt - tjuren bär mannen utan väsen."

Men, där finns också stunderna när det inte är så här. Uppvaknandet är inte en kronologisk process som bara går rätt på.

Jag tror att du fortfarande blandar ihop Uppvaknandet med begreppet tid. Att minnas vem man är, och sedan att glömma vem man är, det är sådant som bara händer. Att anstränga sig är kontraproduktivt. Uppvaknandet liknar meditation - att lära sig att meditera är att acceptera att ens sinne <u>kommer</u> att vandra iväg, och att när man upptäcker det, bara stilla återvända till den meditationsteknik man har valt att använda.

I samma anda, kan "mantrat" Välj Igen hjälpa en att Minnas. Att vakna upp genom att lyssna inåt, genom att lyssna till sitt Hjärta, kan liknas vid att plötsligt höra en melodi man trott sig ha glömt fullständigt:

Jesus om att fånga tjuren.   Lars Gimstedt

"Lyssna – kanske du fångar en glimt av ett mycket gammalt tillstånd som du inte helt glömt bort; otydligt kanske, och ändå inte helt obekant, likt en sång vars namn du sedan länge glömt, och omständigheterna under vilka du hörde den fullständigt bortglömda. Hela sången har inte stannat kvar hos dig, bara några toner ur en melodi, utan anknytning till någon person eller plats eller någonting särskilt. Men du minns från just denna lilla del hur ljuvlig sången var, hur underbar omgivningen var där du hörde den, och hur du älskade dem som var där och lyssnade tillsammans med dig. Tonerna är ingenting. Ändå har du burit dem med dig, inte för deras egen skull utan som en stilla påminnelse om det som skulle få dig att gråta om du kom ihåg hur kärt det var för dig. Du skulle kunna minnas, men du är rädd, eftersom du tror att du skulle förlora den värld som du lärt dig sedan dess. Och ändå vet du att ingenting i den värld du lärt dig är hälften så kärt som detta. Lyssna, och se om du kan minnas en mycket gammal sång som du kunde för så länge sedan."

Det där är ett så vackert avsnitt! Jag letade just upp det i EKIM, det kommer från Textboken 21.I.6.

Och ja, tack för att du påminner mig åter och åter igen, att ingen ansträngning är nödvändig. Oftast är det min inre projektledare som håller piskan... Jag behöver inte göra någonting, men jag behöver förbli uppmärksam och jag behöver lyssna både utåt och inåt, och jag behöver välja på nytt, om och om igen. "Piskan" här ska inte komma ur det vi inom psykosyntesen kallar "den Starka Viljan", den bör representera mer det vi gör när vi använder det som psykosyntesen kallar "den Skickliga Viljan".

Jesus om att fånga tjuren.   Lars Gimstedt

Bra insikter. Bara en påminnelse till: "Håll tygeln med fast hand och tillåt inte tjuren att vika av" kräver viljestyrka, och kräver också en god balans mellan alla av viljans tre aspekter, både den Goda, den Starka och den Skickliga Viljan. Men det är viktigt att komma ihåg: Hjärtats beslut, att välja åter, är källan för den Goda Viljan, och denna måste komma först.

Egot har ofta utvecklat både sin Starka Vilja och sin Skickliga Vilja, för att tjäna sina syften, men det saknar God Vilja, även om det kommer försöka övertyga dig om motsatsen.

Jösses... hur ska jag någonsin kunna skilja mellan egots "goda vilja" och Sann God Vilja?

Jag fick samma fråga av mina lärjungar på Jorden, för länge sedan, och samma svar som jag gav dem gäller fortfarande:

> *"Antingen är trädet gott och frukten god, eller är trädet dåligt och frukten dålig. På frukten känner man trädet."*

Om det du gör leder till skuld eller skam hos dig själv eller hos andra, då har det kommit från egot. Men, om det du gör leder till inre frid i dig själv och i andra, då kommer det ur Kärlek.

Men var uppmärksam på att ditt eget ego eller andras egon kommer vilja gömma undan den här inre friden för dig, eller kommer vilja övertyga dig och andra om att den här inre friden är självbedrägeri och till och med självförnedring.

När det här händer, och det kommer det att göra, lyssna inåt på ditt Hjärta, och minns mina ord:

> *"Saliga är de ödmjuka, de skall ärva jorden."*

Jesus om att fånga tjuren. Lars Gimstedt

Återigen, tack. Men det känns fortfarande lättare sagt än gjort...

Bara om du tolkar det jag sade som att det bara är en förutsägelse, en sätt att beskriva det sannolika utfallet av att vara på ett visst sätt.

Det är det inte - det är ett löfte!

Nu tackar jag dig från djupet av mitt hjärta. Även om min hjärna omedelbart började orera med tankar som "hur kan han lova det" och så vidare, så hörde mitt Hjärta dig, och trodde på dig.

Men, låt oss fortsätta på vår "holografiska resa" - till nästa bild, om att Komma Hem.

6. Återvänder hem på tjurens rygg.

Nu är kampen över! Dessutom, har vinst och förlust tappat betydelse. Herden sjunger på en gammal folkvisa, spelar en gammal barnvisa på sin flöjt. Han tittar på den blå himlen och rider på, sittande på tjurens rygg. När någon ropar efter honom, ser han sig inte om; han stannar inte ens om man drar honom i ärmen.

Jesus om att fånga tjuren. Lars Gimstedt

1

Utan hast eller brådska, rider herden hem på tjurens rygg.

Långt genom kvällsdimman når ljudet av hans flöjt.

Not för not, visa efter visa, allt förmedlar
hans känsla av frihet;

Ingen som hör det behöver fråga honom hur han mår.

2

På väg framåt mot dalen där han har sitt hem,

Dyker han upp i dimman, spelandes sin flöjt.

Plötsligt byts visan till hemkomstens sång.

Inte ens Bai-yas mästerstycken
kan jämföras med denna sång.

3

I flätad hatt och mantel av strå rider han hem
i aftondimman,

Bakvänd på tjuren, sitter han med hjärtat fyllt av glädje.

Steg för steg vandrar tjuren på i den svala stilla brisen,

Utan att längre se åt det förut så oemotståndliga gräset.

Jesus om att fånga tjuren. Lars Gimstedt

Idag på morgonen, när jag var hemma innan jag skulle iväg till arbetet, ägnade jag en liten stund åt att läsa i En Kurs om Kärlek, och återigen baxnade jag över synkronicitet. Jag hade planerat att fortsätta skrivandet av den här boken när jag kommit till mitt arbete, och jag höll redan på att fundera över idéer runt "Återvända Hem", när jag läste i ACOL:

"Från den här tidpunkten och framåt, kommer jag att ge dig svar genom direkt kommunikation eller dialog, snarare än genom undervisning."

Jag kan förstå att du kände dig överraskad. Men längre ned på samma sida, är jag säker på att du minns hur jag säger:

"Du står inför två förändringar, av enorma proportioner. Den första är att fasen för lärande är slut, vilket kommer leda till följder som ditt sinne bara kommer att ta in långsamt och som kommer upplevas som överraskande uppenbarelser. Den andra är vi kommer börja delge saker för varandra förbundna i enhet, en förändring som ditt hjärta gladeligen kommer acceptera men som ditt sinne, åter igen, hela tiden kommer bli överraskad att möta. Gläd dig över dessa överraskningar. Skratta och var glad. Du kommer inte att behöva fundera ut något längre. Överraskningar kan inte funderas ut! De är menade att vara glädjefyllda gåvor som ständigt uppenbarar sig. Gåvor som du bara behöver ta emot och njuta av."

Jag kom att tänka på min "lustiga" skylt igen. "Koppla av och ha en bra dag!" - det är verkligen det jag känner nu när jag hör dig, och den här uppmaningen känns som den hänger ihop med det som texten säger under bilden av Herden där han rider fridfullt på Tjurens rygg:

Jesus om att fånga tjuren. Lars Gimstedt

"Herden sjunger på en gammal folkvisa, spelar en gammal barnvisa på sin flöjt. Han tittar på den blå himlen och rider på, sittande på tjurens rygg."

> *God morgon.*
>
> *Det här är Gud.*
>
> *Idag, lyssna inåt, så kommer jag att ge dig lösningen på varje problem du möter.*
>
> *Du behöver inte tänka ut något själv, så koppla av och ha en bra dag!*

Är det som den här bilden av Herden försöker att förmedla, att tiden för Herdens lärande har kommit till sitt slut? Att han uppnått slutet på sin resa?

Ja och nej. Ja, tiden för honom att behöva lära har kommit till sitt slut. Och nej, hans resa är inte slut. Det här är vad som antyds av det faktum att Herden <u>är på väg</u> hem, och av det faktum att fler bilder följer.

I EKIM T-12.V.8 sade jag

> *"Du som har försökt lära dig det du inte vill bör fatta mod, för även om den läroplan du har utarbetat åt dig själv verkligen är deprimerande, är den enbart absurd om du granskar den. Är det möjligt att sättet att uppnå ett mål är att inte uppnå det? Avgå nu som din egen lärare."*

De som kommit fram till det här steget på sin väg har hörsammat den här uppmaningen för länge sedan, de har avgått som lärare till sig själva och hittat sina lärare, och sina kursplaner, där EKIM och ACOL är exempel på sådana.

Men, Herden på bilden vi tittar på nu, han har till och med kommit förbi behovet att lära sig något mer, till och med från de som en gång var hans viktigaste lärare. Jag sade i ACOL, i samma kapitel som vi talade om förut, "Lärande är ett tillstånd som hör till det separerade jaget, och därför behövs det nu inte längre."

Herden är fri från sig själv. Tjuren, herdens sinne, är också fri.

Ett fritt sinne, fri vilja... är de här begreppen sammankopplade?

Det är de, i allra högsta grad! Den fria viljan kan missbrukas av egot, och det här missbruket är orsaken till separationen, men den fria viljan är inte i sig ett ego-monster. Gud lade ned den fria viljan i era hjärtan för att Han visste att den fria viljan till slut skulle få er att längta Hem.

Det här är verkligen vad jag skulle vilja få andra att uppleva. Bilden förmedlar en sådan frid...

Jag vet att jag inte kan hjälpa andra att hitta tillbaks "hem" till sina Sanna Jag, hitta sitt Själv, men jag hoppas att jag kan peka i vilken riktning de kan gå. Kanske var det ett uttryck för den här önskan när vi lät en träsnidare i Hanoi, Vietnam, skära ut den här stämpeln åt vår nu 16-årige son, som då bara var tre månader gammal:

Jesus om att fånga tjuren. Lars Gimstedt

(Jag har beskurit bilden, för att skydda hans privatliv.)

Du behöver inte göra mer än så. När man har nått fram till det här steget, är det tillräckligt att bara <u>vara</u> sitt Själv. När andra ser dig på riktigt, kommer de att minnas sina egna Själv. Det är det här jag har kallat miraklet. Ingen <u>utför</u> mirakler, inte ens jag gjorde det när jag vandrade bland er på jorden. Man <u>låter</u> dem hända, som ett naturligt uttryck för Kärlek. När någon verkligen minns sitt Själv, så kan sådant som ni uppfattar som mirakulöst hända - fullkomliga förändringar av sinnet, helande av kroppen.

Herden vet det här nu. Det är inte på grund av likgiltighet som "När någon ropar efter honom, ser han sig inte om; han stannar inte ens om man drar honom i ärmen." Han vet nu att han inte behöver göra mer nu än att förbli i sin inre frid.

Om jag använder den "holografiska" symbolen för den här "resan", vill jag gärna tro att jag har upplevt en sådan här inre frid. Bara några få gånger, och under mycket korta ögonblick.

Det har du, och jag försäkrar dig, mycket oftare och under mycket längre tid än ditt "vetenskapliga sinne" verkar tillåta att du är medveten om.

Jesus om att fånga tjuren. Lars Gimstedt

Du som undervisar om del-personligheter, hur ens personlighet kan ses som uppdelad i många olika delar, du borde kunna vara öppen för idén att en av dessa kan befinna sig i fullkomlig inre frid, under det att andra befinner sig i uppror. Vilken av de här del-personligheterna du identifierar dig med i stunden kommer att bestämma ditt sinnestillstånd.

Ja, du har rätt. Jag tror att om jag lyckas göra mig medveten om den del av mig som befinner sig i uppror <u>från</u> den delen av mig som känner inre frid, och om jag lyckas att inte döma mig själv utan bara känna medkänsla för mig själv, så kan jag bli fri från min ängsliga del. Att <u>vara</u> mitt Sanna Själv kommer då att transformera del-personligheten, till slut till ett läge som vi i mitt yrke kallar <u>en</u> psykosyntes, ett inre helande av sinnet.

Åter igen, bra och nyttiga insikter! När en sådant inre skift inträffar med en av dina klienter, även om du med ditt vetenskapliga tänkande kan dra slutsatsen att det kanske är ett resultat av ert arbete tillsammans, vad upplever du själv i det ögonblicket?

Det känns som ett magiskt ögonblick, och jag känner vördnad för de krafter jag släppt fram. Och tacksamhet. Och ja, även om jag tillskriver mig själv resultatet med en del av mitt sinne, så vet jag från Hjärtat att det som händer är ett mirakel.

Tillbaks till bilden: herdens sinne beskrivs som "Steg för steg vandrar tjuren på i den svala stilla brisen, utan att längre se åt det förut så oemotståndliga gräset". Jag tolkar det här som att hans sinne gör det som det är menat att göra, tar herden dit han vill komma, men att sinnet har ingen egen vilja. Det nöjer sig med att vara till nytta.

Jesus om att fånga tjuren. Lars Gimstedt

Det är ett meningsfullt sätt att se på det. Jag gissar att många zen-mästare skulle ha en annan åsikt, men jag tror att hela det här företaget vi tillsammans håller på med, är ett exempel på hur vi tillsammans kan använda vilka idéer och begrepp som helst från er verklighet, och använda dem på nya sätt för att hjälpa er att vakna upp.

Jag känner mig OK med att andra kan ha avvikande åsikter. De som har det kommer ändå inte läsa så här långt i den här boken.

Men nu känner jag hur min nyfikenhet växer, när jag vänder mitt fokus mot nästa bild: "Tjuren glömd - mannen är kvar." Låt oss titta på den!

7. Tjuren glömd - mannen är kvar.

Det finns inte två Dharman. Bara tillfälligt har tjuren använts, lite för att fungera som en vägskylt. Han skulle också kunna sägas vara som en snara för att fånga harar med, eller som ett fiskenät. Nu känner herden sig som när man lyckats skilja ut det glimmande guldet från malmen, eller som när man ser månen dyka upp bakom en tät molnbank. Det ensamt lysande svala ljuset har strålat klart sedan tiden före början.

Jesus om att fånga tjuren.   Lars Gimstedt

1

Herden anlände hem på ryggen av tjuren, en tid sedan.

Nu är tjuren glömd, mannen känner sig bekymmersfri.

Han fortsätter ibland att sova även efter
solens middagshöjd.

Piska och töm är nu onödiga, och har hängts undan
under takskägget.

2

Trots att herden fört ned tjuren från bergen,
är stallet tomt.

Manteln av strå och den flätade hatten
är nu också överflödiga.

Inte bunden av något, med all tid i världen,
sjunger han och dansar,

Mellan himmel och jord har han blivit sin egen herre.

3

Herden har återvänt hem. Nu är överallt hans hem.

När man fullständigt glömt både ting och sig själv,
råder frid hela dagen.

Tro på att den finns, bergstoppen
"Vägen till den Djupa Hemligheten" -

Ingen kan stanna kvar på denna bergstopp.

Jesus om att fånga tjuren. Lars Gimstedt

Först, några förklaringar till våra läsare: "Det finns inte två Dharman" betyder att det finns bara <u>en</u> källa för alltets ursprungliga tillstånd, och det kan bara finnas en Dharma, en lära, som beskriver det i sanning.

"Bara tillfälligt har tjuren använts" betyder att symbolen Tjur är ett ord, som i sig är en symbol för en bild. Bilden, i sin tur, är en symbol för vårt sinne. Vårt sinne, det individuella sinnet, är <u>också</u> en symbol. En symbol för det individuella, separerade sinnet, som inte existerar. Det som existerar är det Förenade Sinnet, där mitt Själv finns, ett med Gud och alla andra Själv i sitt varande, men olikt och individualiserat i sina relationer.

Är det detta herden ser "som när man ser månen dyka upp bakom en tät molnbank. Det ensamt lysande svala ljuset har strålat klart sedan tiden före början"?

Bra förklaringar, bra beskrivning.

Du hade kunnat lägga till att ännu en symbol för det som texten beskriver är malmen. "När man lyckats skilja ut det glimmande guldet", är det naturliga för gruvarbetaren att helt glömma malmen och slagget och rikta sin uppmärksamhet mot guldet, skatten som nu har kommit fram, tillgängligt och användbart.

Det är den här skatten som gör det möjligt för herden att slutligen lägga allt behov av att lära sig något mer bakom sig. Det är till och med så, att han behöver inte ens vara uppmärksam - "Piska och töm är nu onödiga, och har hängts undan under takskägget."

Nu när vi kommit till den här bilden, är jag <u>övertygad</u> om att det här steget har jag aldrig uppnått. Men jag

Jesus om att fånga tjuren.   Lars Gimstedt

antar att du kommer försöka övertyga mig igen om att jag har fel, eller?

Nej, det kommer jag inte. På ett medvetet plan har du inte varit här. Än. Men kom ihåg, det här är en färd utan avstånd. Uppfinn inte avstånd i ditt sinne, föreställ dig inte och gör inte verkligt för dig själv att kämpande och strävan är nödvändiga för att kunna komma hit, eller till stegen som beskrivs efter det här.

I EKIM T-5.I.6, beskriver jag det här steget som

> *"Ett sinnestillstånd som är så nära Ettsintheten att en överföring till den till slut blir möjlig. Varseblivning är inte kunskap, men den kan överföras till kunskap, eller övergå i den. Det kanske till och med kan vara till större hjälp här att använda den bokstavliga meningen av överförd eller 'buren över', eftersom det sista steget tas av Gud."*

Så du menar att finna en lärare, att lära sig sina läxor, att arbeta hårt och envetet, att förbli uppmärksam på sitt ego, att vara uppmärksam bara för Guds Rike, allt det här kan göra det möjligt för vem som helst att nå fram till den här punkten, men inte längre? Det låter tufft, efter en så stor ansträngning... Även om jag nådde fram till det här steget tror jag inte att jag bara skulle kunna luta mig tillbaks, som herden verkar göra här. Hur kan jag veta om Gud kommer att ta det sista steget?

Det kan du inte veta med ditt sinne. Det är till och med så, att ditt separerade individuella sinne kommer att spjärna emot den här idén. Men om du stillar dig, om du låter ditt sinne bli helt tyst, och du lyssnar till ditt Hjärta, <u>kommer</u> *du att veta att du* <u>kan</u> *"tro på att den finns, bergstoppen 'Vägen till den Djupa Hemligheten'."*

Jesus om att fånga tjuren. Lars Gimstedt

Men, som texten fortsätter, ditt sinne kan inte tro på det här - "Ingen kan stanna kvar på denna bergstopp".

Med den här inre kunskapen, kan herden nu koppla av helt och hållet:

> *"Inte bunden av något, med all tid i världen, sjunger han och dansar, mellan himmel och jord har han blivit sin egen herre."*

Och, i bilden, så verkar han be. Vad är det han ber om, tror du?

Hm. Han kanske bara uttrycker sin tacksamhet över att ha få ha kommit hit. Eller så vet han i sitt Hjärta att Himlen Finns, och han ber om att få bli förd dit. Om jag stod inför "Vägen till den Djupa Hemligheten", skulle jag inte känna mig nöjd med att bara stanna kvar där...

Det skulle du inte. Men du skulle nog glädja dig för att kommit dit. Var öppen för möjligheten av att plötsligt finna dig själv vara där!

Jag tar det där som ett löfte, vet du.

Det vill jag att du gör. Kom ihåg den första Mirakelprincipen:

> *"Det finns ingen rangordning av svårigheter i mirakler. Det ena är inte 'svårare' eller 'större' än det andra. De är alla detsamma. Alla uttryck för kärlek är maximala."*

Om du ber om att bli förd hit, kom ihåg att du då ber både till Gud och dig Själv. Och kom ihåg att om du tillåter dig själv att känna glädje i ditt hjärta över att du "blivit din egen herre mellan himmel och jord" kommer du att göra detta verkligt för dig själv.

Jesus om att fånga tjuren. Lars Gimstedt

Men nu när vi kommit så här långt med vår utforskning, kan jag slå vad om att du är nyfiken på nästa bild, "Både tjur och man glömda"?

Det kan du slå dig i backen på!

Jesus om att fånga tjuren. Lars Gimstedt

8. Både tjur och man är glömda.

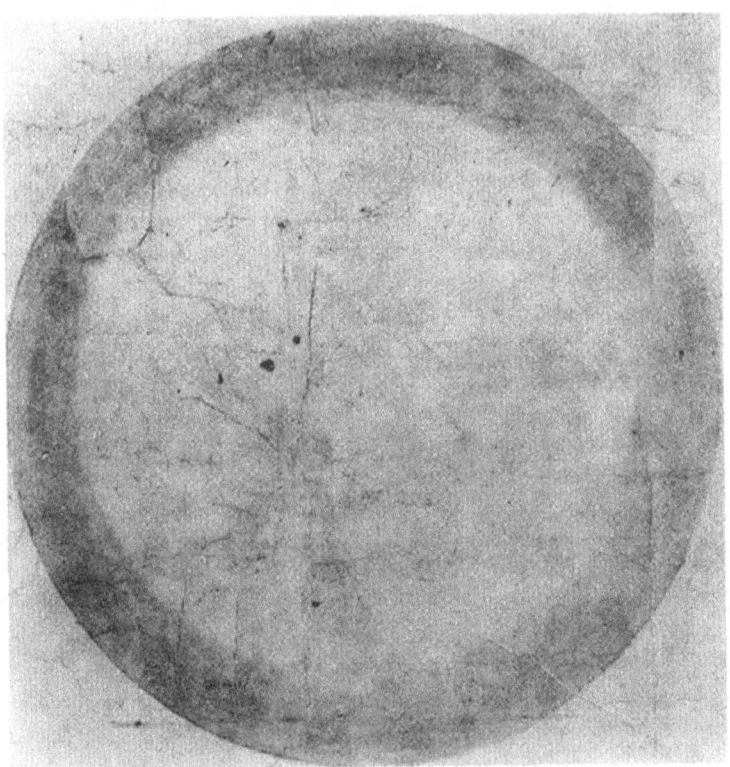

När världsliga begär sjunkit undan, har även helighet tappat sin betydelse. Stanna inte kvar där Buddha är, och gå fort förbi det ställe där han inte finns. Inte ens tusen par ögon kan se in i hjärtat på den som inte strävar efter någondera. Helighet som fåglar helgar blommor åt är ovärdig.

Jesus om att fånga tjuren. Lars Gimstedt

1

> Piska och töm, tjur och man, är alla borta och försvunna.
>
> Inga ord kan fånga himlens djupblå valv.
>
> Hur kan snö byggas upp på en glödhet eldstad?
>
> Bara anländ till denna plats kan en man
> överträffa sina gamla lärare.

2

> Vad synd! Fram till idag ville jag rädda hela världen;
>
> Men nu, vilken överraskning!
> Det finns ingen värld att rädda!
>
> Märkligt! Utan förfäder eller efterkommande,
>
> Vem kan ärva, vem kan föra denna sanning vidare?

3

> Rymden krossad med ett enda slag,
> både heligt och världsligt försvunna.
>
> På den Obeträdbara Platsen har vägen nått sitt slut.
>
> Månen lyser klart över templet, vinden susar i trädet.
>
> Alla floder återbördar sitt vatten,
> som flyter tillbaks till havet igen.

Jesus om att fånga tjuren. Lars Gimstedt

Nu har vi nått höjder som gör mig yr... Intuitivt, tolkar jag texten och dikterna som att herden har kommit till ett tillstånd som befinner sig helt och hållet bortom alla symboler. Till och med det symboliska i ordet, eller begreppet, helighet.

Texten verkar antyda att sinnet är oförmöget att förstå vad som pågår här, förstå meningen med paradoxen: "Stanna inte kvar där Buddha är, och gå fort förbi det ställe där han inte finns. Inte ens tusen par ögon kan se in i hjärtat på den som inte strävar efter någondera."

Du är på rätt väg. Ordet helighet innebär i sig att det finns något som inte är heligt. På den här nivån upplever herden bara, han är en del av, Det Som Är. Men den här upplevelsen är inte ett resultat av lärande, den kommer inte ur insikter. Herden har nu förflyttat sig bortom lärande, bortom trossatser, in i <u>uppenbarelsen</u>. "På den Obeträdbara Platsen har vägen nått sitt slut."

Obeträdbara, betyder det igen att den här nivån är också ett ställe dit man inte kan ta sig av egen kraft, inte ens med den yttersta ansträngning och envishet?

Det låter som om ditt sinne har svårt att acceptera det här. Men längtan i mångas hjärtan gav er den här poesin för länge sedan: "Oändlig nåd mig Herren gav och än idag mig ger. Jag kommit hem, jag vilsen var, var blind men nu jag ser."

Så nu när han har kommit till den här nivån, så hoppas herden på Guds nåd?

Nej min käre vän, nu tog du fel väg... i sin tillbedjan, som den förra bilden visade, så <u>accepterar</u> herden, han <u>vet</u> som den sanning det är, att Nåden <u>Är</u>. Nåden är en naturlig del av Enheten med Gud. Han vet också

Jesus om att fånga tjuren. Lars Gimstedt

att han kommit förbi behovet att lära sig något mer:
"Bara anländ till denna plats kan en man
överträffa sina gamla lärare."

Men här får jag nu allvarliga problem - de gamla
mästarna sade till exempel:

> "Alla oräkneliga varelser förbinder jag mig att befria.
> Ändlösa blinda begär förbinder jag mig att
> genomskåda.
> Dharmaportar utan gräns förbinder jag mig att öppna.
> Buddhas oändliga väg förbinder jag mig att leva."

Borde de skämmas för att de vill rädda världen?

*Uttrycket "Vad synd!" används här som synonym till
"Vilket slöseri med tid!" Boddhisavorna avgav löftet att
använda sin tid till att lära andra, och det här var, och
är fortfarande, en viktig del av deras deltagande i min
Plan för Soningen.*

*Men nu när han nått så här långt på sin resa,
<u>upptäcker</u> herden, till sin glädje, det jag så ofta
påminde er om i EKIM, till exempel i T-21.in.1:*

> *"Projektion ger upphov till varseblivning. Den värld du ser
> är det du tillskrev den, ingenting mer än detta. Men även
> om den inte är mer än detta, är den inte heller mindre.
> Därför är den viktig för dig. Den är vittnesbördet om ditt
> sinnestillstånd, den yttre bilden av ett inre tillstånd. Så
> som en människa tänker, så varseblir hon. <u>Försök därför
> inte att ändra världen, utan välj att ändra ditt sätt att se
> på världen</u>. Varseblivning är ett resultat och inte en
> orsak. Och det är därför som det är meningslöst att
> rangordna mirakler efter svårighetsgrad. Allt som
> betraktas med sant seende blir helat och heligt. Ingenting
> som varseblivs utan det har någon mening. Och där det
> inte finns någon mening, där råder kaos."*

Jesus om att fånga tjuren. Lars Gimstedt

Så finns inget rätt eller fel, det finns bara olika grader av vakenhet? Eftersom jag aldrig varit ens i närheten av det som beskrivs här, kan jag bara försöka förstå det på ett intuitivt plan.

Om du med olika grader menar olika sinnestillstånd, i vilka man plötsligt finna sig själv, ja.

Återigen, din övertygelse är att du aldrig har varit här. När du sade det här förra gången, svarade jag dig "på ett medvetet plan har du inte varit här". Men du har varit här, faktum är att du <u>är</u> här. Problemet ligger i att du inte <u>accepterar</u> denna Sanning.

Men där finns så mycket i mig själv jag behöver bli fullbordad med, innan jag ens kan börja närma mig att tro på det här!

Här är ditt problem igen, bara uttryckt annorlunda. Du <u>är</u> redan fullbordad! Precis som ekollonet innehåller allt det behöver för att bli en ek, precis som det är helt fullbordat i sig själv, så är du. Det enda som behövs är ljus och värme, och det enda du behöver "göra" är att dra ditt sinnes förhängen åt sidan!

När du säger det här, kan jag verkligen känna mitt hjärtas längtan efter att få uppleva det som den sista dikten uttrycker så på pricken: "Månen lyser klart över templet, vinden susar i trädet. Alla floder återbördar sitt vatten, som flyter tillbaks till havet igen."

Bra! Ditt sinne <u>vill ha</u> saker, ditt hjärta <u>längtar</u>. Stanna kvar i den här längtan, och du befinner dig tryggt på din Väg.

OK. Återigen, borde jag tolka det där inte som ett råd, utan som ett löfte?

Jesus om att fånga tjuren. Lars Gimstedt

Mer än ett löfte: jag garanterar att det blir så!

Men nu, ska vi fortsätta vår dialog och titta på nästa bild "Återvänd till Källan, tillbaks till Ursprunget"?

Jag vet att du har kämpat en hel del med den här.

Hur kan du veta det... åh Jösses, jag glömde. Det är klart att du gör. Det är ändå rätt så praktiskt - jag behöver inte uppdatera dig om någonting, eller hur?

Nej, det behöver du inte. Känns det skrämmande?

Kanske lite... Dina krafter är så mycket större än mina...

Det är de inte. Men ditt envisa sinne stoppar dig från att ha tillgång till dina krafter, som vi delar som de bröder vi är, även om du kan se mig som den äldre av oss. Om ett tag, kommer du ha fri tillgång till mina tankar som jag har med dina. Och just nu, när du skriver ned det här, är inte det ett levande exempel på din tillgång till mina tankar?

Det är det verkligen... Men att jag skulle ha tillgång till de krafter du har känns svårt att tro på, även om jag verkligen önskar jag kunde göra det. Men, eftersom <u>du</u> verkar tro på <u>mig</u>, vore jag väl dum om jag inte gjorde det.

Och jo, jag har kämpat med texterna efter nästa bild, så OK, låt oss fortsätta!

9. Återvänd till Källan, tillbaks till Ursprunget.

I källan till allt är det rent, inget orent finns där. Samlad i 'wu-weis' frid, det underbara tillstånd där man utför icke-handling, där allt uttänkt handlande har upphört, betraktar han allt som kommer och går. Inte längre lurad av mångskiftande fantasibilder, har han inget mer att lära. Blå flyter floden fram, gröna böljar bergen; han sitter för sig själv och betraktar föränderligheten i allt.

Jesus om att fånga tjuren.   Lars Gimstedt

1

Återvänd till källan, tillbaks till ursprunget,
är allt fullkomnat.

Inget är bättre än att plötsligt vara som blind och döv.

Inne i sin eremitboning, tittar han inte ut.

Omöjlig att begränsa flyter floden som den flyter.
Röda lyser blommorna precis som de blommar.

2

I sant görande binder man sig inte i varande
eller icke-varande.

Därför, för att se och höra behöver han inte vara
som en döv och blind

I går natt flög den gyllene fågeln ned i havet,

Men idag, som vanligt, lyser morgonrodnaden upp himlen.

3

Det som behövt göras är gjort,
och alla vägars slut har nåtts.

Det klaraste uppvaknande skiljer sig inte
från att vara blind och döv.

Vägen, längs vilken han kom,
har nått sitt slut under hans bastsandaler.

Inga fåglar sjunger. Röda blommor lyser i färgstark prakt.

Jesus om att fånga tjuren.   Lars Gimstedt

"I det underbara tillstånd där man utför icke-handling, där allt uttänkt handlande har upphört, betraktar han allt som kommer och går."

Jo, jag har svårt att ta in det här! Utbildad som jag är i psykosyntes, Viljans psykologi, och efter att ha ägnat ett helt yrkesliv åt att försöka hjälpa människor, så <u>har</u> jag svårigheter med det här! Det låter som att man skulle kunna bara luta sig bakåt och strunta i allt som händer omkring en!

Nu begår du samma misstag igen, när du ser de här bilderna som beskrivningar av en tidsbunden process, där ett steg kommer efter det andra. Det gör de inte - de beskriver olika aspekter av uppvaknande, aspekter som kan existera samtidigt.

Den här bilden, och texten och dikterna, beskriver ett viss inre tillstånd hos herden, ett tillstånd som är underförstått i mitt försök att förklara varför man inte behöver göra någonting, i EKIM T-18.VII.6:

> *"Här är den slutliga befrielse som alla en dag kommer att finna på sitt eget sätt, i sin egen takt. Du behöver inte den här tiden. Du har besparats tid, eftersom du och din broder är tillsammans. Detta är det speciella medel som den här kursen använder för att spara tid åt dig. Du tillgodogör dig inte den här kursen om du insisterar på att använda medel som har varit till god nytta för andra, och åsidosätter det som gjorts för dig.*
>
> *Spara tid åt mig genom endast denna enda förberedelse, och öva dig i att inte göra någonting annat. <u>'Jag behöver inte göra någonting</u>' är en trohetsförklaring, en i sanning helhjärtad lojalitet. <u>Tro detta bara ett ögonblick och du kommer att uppnå mer än vad som uppnås under ett århundrade av kontemplation, eller av kamp mot frestelsen.</u>"*

Herden kommer att befinna sig i det här inre tillståndet även i bilden efter den här också, så "det underbara tillstånd där man utför icke-handling" betyder inte att när han är i det här tillståndet kommer han inte få något att hända.

Tack för din påminnelse. Jag har arbetat mycket med det begreppet i EKIM, men jag behöver verkligen påminnas om det här, eftersom mitt sinne så snabbt hoppar in och gör upp planer för vad jag ska göra hela tiden.

Det här påminner mig om något som den buddhistiske munken Thich Nhat Hahn svarade, när en reporter anklagade munkar för att vara världsfrånvända när de använder sin tid bara för att meditera:

> "Jag använder gärna ett exempel, en liten båt som är på väg över Siam-bukten. I Vietnam finns många som kallas båtfolket, och som försöker att lämna landet i små båtar. De här båtarna hamnar ofta i hög sjö eller stormar, och människorna på båten får panik, och båtar går under. Men även om bara en person ombord kan bibehålla sitt lugn, och genom det vet vad man bör göra och vad man inte bör göra, kan den personen hjälpa dem att överleva. Hans eller hennes utstrålning – ansiktsuttryck, röst – förmedlar klarhet och lugn, och de andra känner tillit till den här personen. De kommer att lyssna till vad han eller hon säger. En sådan person kan rädda livet på många.
>
> Vår värld är som en liten båt. Jämfört med kosmos, är vår planet en mycket liten båt. Vi håller på att hamna i panik, för att vår situation är inte mycket bättre än för den lilla båten till havs. Ni vet att vi har mer än 50,000 kärnvapen. Mänskligheten har utvecklats till ett mycket farligt släkte. Vi behöver personer som kan sitta stilla och som kan le, som kan vandra fridsamt. Vi behöver personer som kan det för att vi ska kunna rädda oss själva. Mahayana-buddhismen säger att du kan vara en

Jesus om att fånga tjuren.   Lars Gimstedt

sådan person, att var och en av er kan vara en sådan person."

Jag tycker också om det där citatet. Det utgör en underbar illustration av "wu-wei".

Men, jag gissar att dina svårigheter, eller snarare, ditt sinnes svårigheter ligger i den synbarliga paradoxen och likgiltigheten som tycks uttryckas i dikterna.

"Inne i sin eremitboning, tittar han inte ut. Omöjlig att begränsa flyter floden som den flyter. Röda lyser blommorna precis som de blommar."

Det som menas med det här är att herden har släppt sitt behov att <u>varsebli</u> världen, och att genom det bedöma allt som "bra" eller "dåligt": "Inget är bättre än att plötsligt vara som blind och döv."

I stället <u>ser</u> han i Sanning, vilket är samma sak som att <u>acceptera</u> Det Som Är. Det här upprepar det faktum att han har kommit förbi sitt behov av att lära sig något nytt: "Inte längre lurad av mångskiftande fantasibilder, har han inget mer att lära."

Den första meningen som säger "I källan till allt är det rent, inget orent finns där", beskriver den det här? Är det detta du menar med "uppenbarelse", som något helt olikt det som kommer ur lärande?

Ja, det är det. Men tolka inte det här som att lärande inte är nödvändigt. Det är det i högsta grad. Men lika viktigt är det att förstå att lärande i sig själv inte kan föra dig hela vägen, eftersom lärande handlar om sinnet.

Uppenbarelsen är möjlig bara om sinne och hjärta förenas, om man finner ett inre tillstånd som bygger på att vara helhjärtad.

Jesus om att fånga tjuren.   Lars Gimstedt

En Kurs i Mirakler handlar om lärande, om att lära sig att ifrågasätta sina ingrodda övertygelser om världen ni har byggt upp. En Kurs om Kärlek, å andra sidan, handlar om att lära sig att lyssna på sitt Hjärta, och hur man kan nå fram till en sådant inre tillstånd, ett tillstånd som ligger bortom lärande och som leder in i <u>längtan</u> och <u>upptäckt</u>. Att inte längre behöva lära sig om egot, och om dess sätt att förleda dig, utan att nu börja upptäcka <u>vem</u> du är i Sanning. Ett Själv, Ett med och i att ha en Relation till Allt Som Är, vilket är Gud.

Det verkar på mig som att den här bilden och nästa befinner sig bägge på samma nivå av uppvaknande, och att de snarare beskriver två aspekter av samma sak. Den här bilden beskriver herdens <u>inre</u> tillstånd, ett tillstånd där han fattar sitt slutliga beslut för hur han vill betrakta världen och sig själv. Och nästa bild beskriver de <u>yttre</u> resultaten av det här beslutet.

Jag har inte läst hela En Kurs om Kärlek än, men just innan jag skrev det här stycket, läste jag följande, som handlar om att välja kärlek framför rädsla:

> "Kärlek till er själva och till era bröder och systrar, kärlek till naturen, kärlek till världen som form, kärlek till den nya värld som kan få finnas, allt detta måste komma samman och segra över rädslans välde."

Och jag läste, om nästa steg:

> "Om du kan gå framåt utan rädsla, kan du gå framåt. Om du kan gå framåt utan rädsla, kommer du att gå framåt i enbart kärlek. Om du går framåt enbart i kärlek, kommer du ha upptäckt att där finns inget oacceptabelt med vem du är utom rädsla."

> "Tänk ett ögonblick på berättelsen om den förlorade sonen. Allt den förlorade sonen ombads göra var att acceptera att han återvänt hem. Tror du att han skulle

ha betraktat sig själv som perfekt när han närmade sig sin fader? Självklart skulle han inte ha gjort det. Du ombeds bara att acceptera att du själv har återvänt hem. Att du nu lämnar tiden bakom dig där du vandrade, sökte, lärde dig. Att du lämnar rädslan bakom dig, rädslan för omfamningen i kärlek och trygghet i ditt sanna hem."

Bra! När du visar de här utdragen demonstrerar du att du har accepterat det faktum att du inte behöver kämpa för att komma hem. Du behöver inte tänka; du behöver inte vara perfekt.

Men nu har du redan börjat tala om nästa bild, så låt oss först titta på den och läsa texten och koan-dikterna.

10. Kommer till marknadsplatsen med händer som ger frid.

Den flätade porten är noggrant stängd och varken de visa eller Buddha kan se honom. Djupt har han grävt ned sitt ljus och tillåter sig själv att lämna de gamla mästarnas vägar. Med sitt vattenkrus kommer han in på marknadsplatsen; han svänger sin stav, hemkommen. Han besöker vinbutiker och fiskstånd för att få fyllbultarna att öppna sina ögon och att återfinna sig själva.

Jesus om att fånga tjuren. Lars Gimstedt

1

> Med bar bringa och barfota kommer han
> in på marknadsplatsen,
>
> Med ansiktet randat av smuts, övertäckt med aska.
>
> Men ett kraftfullt skratt sprider sig från kind till kind.
>
> Han ids inte försöka utföra mirakler,
> ändå blommar plötsligt döda träd.

2

> Fastän vänlig kommer den här personen
> från ett främmade folk,
>
> Med ansiktsdrag liknande en hästs, eller kanske en åsnas.
>
> Men när han skakar sin järnskodda stav,
>
> Öppnas plötsligt alla grindar och portar
> på vid gavel för honom.

3

> Ut ur hans ärm flyger den järnskodda staven
> rakt i ansiktet på en.
>
> Gemytlig och full i skratt,
>
> Kan han använda mongoliska, eller språka på kinesiska.
>
> Palatsens portar öppnas på vid gavel för honom, som trots att han har mött sig själv ändå förblir ovetande om sig själv.

Jesus om att fånga tjuren. Lars Gimstedt

Jag älskar texten strax under bilden, hur herden helt har lämnat begrepp som att vara speciell bakom sig. Den speciellhet som du beskrev i EKIM T24.I.3 som:

> "Det enda som någonsin omhuldas som en gömd övertygelse, som även om den inte erkänns måste försvaras, är tron på speciellhet. Denna antar många former, men strider alltid mot Guds skapelses verklighet och mot den storhet som Han gav Sin Son. Vad annat skulle kunna rättfärdiga attack? För vem skulle kunna hata någon vars Själv är hans, och Som han känner? Endast de speciella kan ha fiender, för de är olika och inte detsamma. Och olikheter av varje slag framtvingar en rangordning av verkligheten, och ett behov av att döma som det inte går att undkomma."

Herden har valt att vara Sig Själv, och "varken de visa eller Buddha kan se honom". Han har gjort sitt slutliga val, som du beskriver det i ACOL 1.14.31, och genom det valet har han gjort sig sant hjälpsam:

> "Låt oss i stället fråga hur att älska alla kan vålla skada? Om du älskar alla lika mycket, vilken förlust är det för någon, inbegripet de som du skulle kunna vilja vara speciella för dig? Allt som går förlorat är speciellhet. Det här är synen på livet som du inte kan föreställa dig att du skulle kunna medverka i, eller att du skulle skapa glädje genom det. Men det är det här som du måste börja föreställa dig om du längtar efter kärlekens ankomst för att inte skjuta den ifrån dig igen. För ditt motstånd mot att ge upp speciellhet är ett motstånd mot Kristus i dig och ett motstånd mot själva kärleken."

Ja, texterna beskriver hur han gör det jag gjorde, han ser ingen speciellhet och han söker upp dem som har störst behov av att bli frälsta:

> "Han besöker vinbutiker och fiskstånd för att få fyllbultarna att öppna sina ögon och att återfinna sig själva."

Jesus om att fånga tjuren. Lars Gimstedt

Och den första dikten beskriver på ett vackert sätt hur mirakler inte är någon man utför, som alla trodde att jag gjorde, utan något som händer naturligt när du är dig Själv, och genom det får någon annan att se sitt eget Själv:

> *"Han ids inte försöka utföra mirakler,*
> *ändå blommar plötsligt döda träd."*

Men varför sökte du bara upp de slags människor som var avskydda av samhället vid den tiden? Tyckte du inte att "hycklarna" var värdiga din uppmärksamhet?

Mitt liv på jorden var menat att utgöra ett exempel. Jag gjorde mig själv och mitt liv till ett budskap, mycket medvetet, och jag utformade det här budskapet på ett sätt som maximerade dess spridning.

En del av mitt budskap var att visa att Gud betraktar oss alla som Sina Söner och Döttrar, och därför sökte jag upp dem som samhället dömt ut som ovärdiga detta.

På grund av obegripligheten i detta, fick de här av mina möten stor uppmärksamhet i skrifterna om mitt liv. Men, om du läser noggrant, sökte jag upp alla sorters människor, och vi predikade medvetet i centrat för religiös övertygelse - inne i templet i Jerusalem.

Sadducéernas och fariséernas ilska och anklagelser bidrog lika mycket till att sprida mitt budskap, som mina möten med de utstötta och som miraklerna som hände.

Du sade att du gjorde det som herden gjorde i den här bilden. Men du dolde inte ditt ursprung, på det sätt som herden gör. Gör inte det dig speciell?

Jesus om att fånga tjuren. Lars Gimstedt

Mycket bra fråga, du pekar på en synbarlig paradox om speciellhet.

Ja, det kan verka som jag var speciell, och i ett avseende var jag det: jag var den första i mänsklighetens historia som uppnått ett tillstånd där jag hade full tillgång till mitt Själv, den förste att bli fullkomligt medveten om min enhet med Gud.

Men, jag sade också till mina lärjungar "ni kommer kunna göra det jag gör, och mer därtill". Och de lärde sig att göra detta, och de uppnådde också ett inre tillstånd präglat av fullkomlig medvetenhet. Men, som jag förklarade i ACOL 3: 4.24:

> *"Det som många glömde, efter att mina första lärjungar gått bort, var att de hade tillgång till den här skatten. De som glömde detta, visste fortfarande att den fanns, men eftersom de inte visste hur de skulle kunna få tillgång till den, kallade de skatten för Himmelriket och längtade efter att få tillgång till det efter döden."*

Så, det som var speciellt med mig var inte vem jag var, eftersom jag är samma Själv som alla andra, men att jag vaknade upp till att bli medveten om det först av alla. Att acceptera det här, att acceptera mig på det sättet, är att acceptera "Jag är Vägen och Sanningen och Livet. Ingen kommer till Fadern utom genom mig". Det är inte förrän du helt accepterar sanningen om mig, som du fullt kan acceptera sanningen om dig själv.

Men de gamla mästarna som målade de här bilderna, och de som skrev texterna och dikterna? Hade de uppnått det här tillståndet av inre medvetenhet? De var ju buddhister, så om de inte hade nått uppvaknande, betyder det att kristendomen är speciell?

Jesus om att fånga tjuren.

Nej, många religiösa läror pekar mot Sanningen. Men det hade inte funnits någon med fullständig medvetenhet i någon religiös tradition, inte ens de så kallade upplysta mästarna, förrän jag och mina lärjungar nådde fram till den här nivån. Vid den tiden hörde vi formellt till den judiska traditionen - kristendomen var inte uppfunnen än.

Så, det finns ingen rangordning mellan olika religioner. I var och en av de större har det funnits "mystiker". Mystikerna i de olika religionerna har haft tanketraditioner som skiljer sig mindre från varandra än de olika tros-traditionerna inom varje religion i sig.

I EKIM sade jag "En universell teologi är omöjlig, men en universell upplevelse är inte endast möjlig utan nödvändig".

Jag är speciell i det att jag var den första människan i form som uppnådde fullkomlig medvetenhet. Kristendomen är speciell bara på grund av det faktum att berättelserna om mig kom i huvudsak genom kristna skrifter. Det finns dock berättelser om mig i skrifter från andra religiösa och filosofiska traditioner.

Men, "Kristi andra återkomst" betyder att var och en som accepterar mig för den jag var, och som genom denna acceptans upptäcker sin egna Sanna Identitet, kommer att dela min upplevelse av att ha Kristusmedvetenhet och de kommer att ha tillgång till samma krafter som jag visade upp.

Det här universella uppvaknandet håller på att ske nu, alla är utvalda och alla är kallade, och fler och fler människor lyssnar. I EKIM talar jag om de här personerna, de som svarat på kallelsen:

> "De kommer från alla religioner och från ingen religion. De är de som har svarat.

Jesus om att fånga tjuren.

Lars Gimstedt

> *Kallelsen är universell.*
> *Den pågår hela tiden överallt.*
> *Den ber om lärare som talar för Den och förlossar världen."*

Och, de flesta av de här kommer att göra som Herden, agera "förklädda". Desto fler mirakelarbetare det kommer att finnas, desto mindre skäl kommer det att finnas att se på mig som ett specialfall. Mirakelarbetarna kommer inte att göra det, och de kommer inte att se sig själva som speciella heller: "Palatsens portar öppnas på vid gavel för honom, som trots att han har mött sig själv ändå förblir ovetande om sig själv."

Wow... det här låter som en sådan storslagen och fantastisk plan. Jag riktigt känner hur mitt ego krymper ihop i självförnedring. Och till detta, som varande svensk, påverkas jag också av vår kultur som fortfarande omfattar Jantelagen: "Vem tror du att du är? Tro inte att du är värd något. Lura inte dig själv att tro att du kan lära oss något. Tro inte..."

Och samtidigt deltar du, med hela dig själv, djupt i en annan dialog med mig, i "De fyrtio dagarna på berget", den avslutande delen av En Kurs om Kärlek.

Ja, jag känner en sådan förundran över den här magiska synkroniciteten - just som du sade det här, hade jag kommit fram till Dag 5, "Tillgång till Enhet". ACOL är nästan lika lång och lika svår som EKIM, men när jag nu läser de här avslutande kapitlen, upplever jag för första gången inte mitt läsande som ett lärande, utan som ett glädjefyllt upptäckande. Och det känns inte som att jag läser innantill heller - nu kan jag verkligen känna det du försökte förklara i början:

Jesus om att fånga tjuren.   Lars Gimstedt

"Du är, när du läser de här orden, lika mycket 'mottagare' av den här dialogen som hon som först hör de här orden och för över dem till skrivna blad. Mottas inte ett musikstycke av dig även om du är en av tusen eller miljoner som lyssnar på det? Spelar det någon roll vem som först lyssnar på musiken? Det här är i sanning en dialog mellan mig och dig. Önska inte att nedtecknarens 'sätt' att ta emot orden måste vara samma för alla andra, tänk inte att höra 'direkt' från Källan är annorlunda än vad du gör nu."

Jag känner mig så glad när jag hör dig säga det här! Jag lovar dig, du kommer att tycka om resten av ACOL mer och mer. Och du kommer att tycka om dig själv mer och mer...

Men tillbaks till det du talade om förut, om självförnedring. Du har lärt dina klienter, under många år, att bli medvetna om Jantelagen, och hur att skydda sig själva mot de här uppenbara ego-ränkerna. Men är det så att kraften hos egots själv-hat fortfarande påverkar dig?

Tja, jag är inte som du än... Jag lär ut det jag behöver lära mig själv. Jag skriver ned det jag behöver bli medveten om.

Ja, det vet jag att du gör. Och det känns bra att du valde att lyssna på mig när jag sade åt dig "Tänk inte. Låt din intuition leda dig."

Tack för att du avbröt mitt ego... även om jag nu inser att det blev möjligt för dig att avbryta bara efter det att jag gav upp. Det är som du sade i EKIM T2.V.1:

> "Det är nödvändigt att komma ihåg att endast sinnet kan skapa, och att rättelse tillhör tankenivån. För att utveckla ett tidigare uttalande är anden redan fullkomlig, och behöver därför inte någon rättelse. Kroppen existerar inte annat än som ett

Jesus om att fånga tjuren. Lars Gimstedt

inlärningsredskap för sinnet. Detta inlärningsredskap är inte utsatt för sina egna misstag, eftersom det inte kan skapa. <u>Det är således uppenbart, att den enda användning av skapande förmåga som verkligen är meningsfull är att förmå sinnet att ge upp sina felskapelser.</u>"

Tack för att du <u>lät</u> mig avbryta dig! Och tack för den här dialogen. Den kommer att bli en milsten för dig på din fortsatta resa, och för dem som läser om det vi har talat om här. Jag ser fram mot att följa, och att ha dialoger med, alla de här blivande Mirakelarbetarna, de som beskrivs så träffande i den andra dikten:

> *"Fastän vänlig kommer den här personen från ett främmade folk, med ansiktsdrag liknande en hästs, eller kanske en åsnas. Men när han skakar sin järnskodda stav, öppnas plötsligt alla grindar och portar på vid gavel för honom."*

Så nu, tack Lars för den här gången. Vi kommer att hålla kontakten! (På fler sätt än jag tror att du ännu har insett.)

Tack, Jesus. Först, när jag just hörde dig ta farväl, skakades jag av besvikelse. Men sedan mindes jag att vi fortfarande är i dialog med varandra, i En Kurs om Kärlek just nu. Och att vår dialog kommer att fortsätta, om jag tillåter den att göra det, i andra former.

Det kommer den att göra. Och kom ihåg, <u>jag</u> behöver inter tillåta mig själv att ha den - jag har haft den alltid, med alla, sedan tidens början.

Så, det enda jag behöver säga till mig själv är: Vare Det Så. Eller hur?

Jo, min käre. Vare Det Så!

Jesus om att fånga tjuren. Lars Gimstedt

Epilog.

Efter att ha skrivit färdigt de sista kapitlen i den här boken, lade jag arbetet åt sidan innan skrivandet av den här epilogen och ägnade några veckor åt att slutföra min läsning av En Kurs om Kärlek (A Course of Love, ACOL), där jag nu deltog i dialogen på Bergets Topp, "De fyrtio dagarna och de fyrtio nätterna".

De här avslutande kapitlen i ACOL kändes som ett nästan överväldigande crescendo i ett stycke musik, en symfoni, vars skönhet och djup befann sig på en nivå jag aldrig någonsin har upplevt förut.

Det kändes verkligen som jag blev tilltalad direkt. Det kändes nästan kusligt när jag läste, i slutet Dag 40:

> "Vilken är den starkaste känslan du har upplevt under det att du läst den här Kursen och det material som hör till den? Har det inte varit känslan av att vara sedd? Har inte den här Kursen fokuserat på de frågor, den längtan, de tvivel som du brukade kalla, före detta, dina unikt egna? Har den inte talat till dig som om den vetat ditt hjärtas hemligheter? Som om den har skrivits just för dig? För det har den."

Jesus om att fånga tjuren.   Lars Gimstedt

En Kurs om Kärlek, och speciellt den här delen, De fyrtio dagarna och de fyrtio nätterna, har känts livsförändrande på ett sätt inte ens att läsa EKIM nästan fyrtio år sedan någonsin känts. Samtidigt tror jag inte att jag någonsin hade kunnat ta in det här utan att ha läst EKIM och ha jobbat med den så länge.

Texten känns så laddad med djup mening, så jag känner motstånd mot att citera den mer, eller ens att skriva mer om den här. Det enda jag vill säga om den är: öppna ditt hjärta och delta i din egen dialog med Jesus, i En Kurs om Kärlek!

Men, jag vill trots allt lägga till ett sista citat från ACOL, för här kändes det som om den verkligen talade direkt till mig, eller åtminstone till det "mig" jag hade trott att jag varit under så lång tid:

> "För de som är redo att anträda en ny väg har stridens tid slutat. De bryr sig inte längre om att delta i debatter, de bryr sig inte om att ha rätt eller att ha fel, de bryr sig inte om bevis för den ena eller den andra teorin. De har blivit trötta på tänkandets vägar. De är redo att återvända hem till hjärtats väg."

Jag känner att det här citatet fungerar som ett mycket lämpligt avslut för den här lilla boken, hur herden som "kommer till marknadsplatsen med händer som ger frid", har kommit hem till sitt Hjärtas Väg.

Han bryr sig inte längre om debatter, om rätt och fel, om "vetenskapliga bevis". Han bara <u>Är</u>, han Är <u>Närvarande</u>, han befinner sig i <u>Relationen</u> med sitt Sanna Själv, och därigenom i aktiv relation med andras Sanna Själv, och genom det med Gud. Och genom sitt autentiska Varande, och genom sitt autentiska sätt att Relatera, känner han sig själv och hjälper andra att känna sig själva.

Jesus om att fånga tjuren. Lars Gimstedt

Om jag skulle våga sammanfatta en slutsats, skulle det vara att komma hem till sitt Hjärtas Väg är inte möjligt bara genom strävan och hårt arbete, men det är oundvikligt genom längtan, villighet att fokusera och genom att envist "välja igen". Att välja Kristusmedvetenhet framför ego-medvetenhet.

Med det här avslutar jag nu den här lilla boken, "Jesus om att Fånga Tjuren". Jag hoppas att du fått lika mycket ut av den som jag fick av att skriva den, att du har läst den med lika lite ansträngning som jag upplevde när jag skrev den, och att du kommer känna dig hjälpt av bilderna och dikterna på din fortsatta resa.

Med kärlek

Lars Gimstedt

Linköping, Sverige, 4 mars 2015.

www.ingramcontent.com/pod-product-compliance
Lightning Source LLC
Chambersburg PA
CBHW060404050426
42449CB00009B/1892